どうして君は「不器用な生き方」しかできないのか

坂入実
SAKAIRI MINORU

幻冬舎MC

どうして君は「不器用な生き方」しかできないのか

はじめに

親愛なるM君、Hちゃん、S君、孫として生まれてくれてありがとう。

君たちの工作に熱中している様子、既に鉄棒で逆上がりができている様子、ハイハイでなく横向きに回転しながら床を移動している様子など、君たちのお母さんから送られてくる写真や動画にはいつも癒されている。

しかし、20年後はともかく、30年後となると、まだ君たちのおじいちゃんとしてこの世に存在しているかどうか、はなはだ自信がない。たとえ生きていたとしてもきちんと話せないかもしれない。そこで、おじいちゃんがこれまでどんな人生を歩んできたか、ここで、じっくりと話しておきたいと思う。君たちが高校生や大学生になれば、おじいちゃんの言いたかったことが十分に理解できるはずだ。

君たちがこれから生きていく時代は、おじいちゃんが生きてきた時代（昭和／平成／令和）より大変な時代になるかもしれない。国際紛争、国際競争、少子高齢化、社会保障費やエネルギー問題など、国内外で大きな社会課題が山積みだ。世界の政治家が頑張っているが、残念ながら、短期間で答えを出せないものばかりだ。加えて、冷戦終結後、地球をひとつの共同体と捉え、世界の一体化を図ろうというグローバリズムの考え方が出てきたが、いろいろな社会的問題が噴出するなかで、自国優先のナショナリズムがまた台頭してきている。人類が皆仲良く生活するということは、生物学的に難しいのだろうか。

こんななかで、君たちはどう生きていけばよいか、これからの人生のなかで、何度も何度も迷うことがあるかもしれない。しかし、正しい答など簡単には出てこない、いやそんなものは存在しないかもしれない。最終的には、皆が一所懸命自分の頭でよく考えて、最善と考えられる方向性をその都度判断して選び、人生を歩んでいかなければならない。これは、おじいちゃんの時代とあまり変わらないはずだ。

その結果、成功することもあれば失敗することもたくさんある。残念ながら、長く生きていると後悔することのほうが多いかもしれない。おじいちゃんもそうだったし、今でもそうだ。しかし、そうであったとしても、自分の頭で考え、自ら決断して行動していく経験をたくさん積み重ねることで、まわりから「不器用な生き方」に見えても、自分の決断に誇りを持てる場面が必ずいくつか出てくる。それらは君たちの人生の大きな宝物になるはずだ。そして、その宝物を君たちの次の世代にも伝えていってほしい。

自ら決断をして行動する際に他人から聞こえてくる話は、「そんな大学に受かるわけないよ……」「優秀な研究者ばかりいる会社に入っても大変だよ……」「そんな仕事はいずれなくなるんじゃないか……」「そんな弱小課にいるよりほかの花形の部署に異動願いを出してみたら……」「上司の言うことを黙って聞いておいたほうが得だと思うよ……」「そんな開発は不可能だよ、やるだけ無駄だよ……」などという否定的な言葉ばかりだ。言っている当人にそれほど悪気はなく親切心から出てきた言葉かもしれないが、しょせん他人事に過ぎない。

おじいちゃん自身、「ありがたい」他人の忠告をよく聞かず、時として自分の考えに従って行動して反感を買い、異動させられることもあった。確かに失ったことも多いかもしれない。しかし、長い目でみれば、自らの頭でじっくりと考え、自ら進む道を決断し、それに従って行動したとき、結果はどうあれ、それを真正面から受け入れることで人間として得ることのほうが大きかった、というのがおじいちゃんの強い思いだ。人生を他人の無責任な判断に委ねたくなかったのだ。

65歳を過ぎたおじいちゃんのこれまでの人生は平凡だったかもしれない。しかし、いろいろな成功と失敗を繰り返しながら今日まで生きてくることができた。このなかには、自ら決断することで経験できた自分に対する気づき、自分の信念を貫き通すほんものの研究者との出会いによる感化もあった。また、技術開発のなかで、点と点を結ぶ力であるセレンディピティも経験し、製品開発における絶体絶命のピンチを切り抜けるというとても貴重な体験もできた。そして、

２０２０年9月に会社を退職したのちも、自分の会社を新たに立ち上げ、君たちの世代に、もっと技術的な財産を残したいと、新しい仲間たちと日々奮闘している。体力がある限りできるだけ続けるつもりだ。

おじいちゃんは小さいときから、内気で引っ込み思案で、しかも変わった性格だった。３歳までほとんどしゃべらず、まわりの大人が大変心配した。同じ制服を強いられる幼稚園に行くのがとても嫌いで、しょっちゅう休んでいた。暑い夏、皆が半ズボンのときにも、ひとり長ズボンで通園していた意地っ張りでもあった。幼稚園の黄色の帽子をかぶれ、かぶれと言われて、それならと風呂に入るときにもかぶっていた天邪鬼であった。母の実家で、背中を丸めて火鉢にあたっている曾おばあちゃんを見て「あ、梅干しばあさんだ」と悪態をつく悪戯小僧でもあった。両親は、こんなおじいちゃんを見て、どんな大人になるかとても心配だっただろう。

一方で、小学生の頃から、ひとりで庭のアリの巣と蜘蛛の巣を観察することや、３歳年下の妹といっしょに、飼猫と春と秋に生まれる子猫の世話をすることがなぜか好きであった。そして、中学生になって、自分の学力がそれなりにあり、好きなことであれば何時間でも集中できることに気がつき始めてから、自分に対する考え方は少しずつ変わり始めた。単に変わった子どもではないんだと。もちろん、嫌いなものにはまったくやる気が起こらなかったし、悪い方向に物事を考えてしまうネガティブ志向はそのままだったけれど、新しい外部環境にどんどん触れることによって、思わぬ一面が見え始めた。中学生の頃から集中力を勉強に向け始めるようになり、結果として、大学、大学院まで進み、民間企業の研究者になって博士号を取得し、海外共同研究も経験して、数多くの製品を世の中に出すことができるようになるとは、当時は想像すらできなかった。

人生の大きな転機になったのは、社会人になって、さらに厳しい経験を積み重ねるなかで、自分の生き方に大きな特徴があることに気がついたときだった。他人の否定的な言葉に逆に発奮し、あえて難しい道を選択してしまうことだ。心理学では、この反抗心のことを「心理的リアクタンス」というけれど、自分のことは自分で決めたいという気持ちが人一倍強いようだ。おじいちゃんの人生をひとことでいうと、他人からの否定で「発奮スイッチ」が入り、自分の考える方向にどんどんと突き進んでしまい、大変な思いをしながら、人生の思い出をたくさん増やしていったといえるだろう。確かに、嬉しかったことだけではない。悔しかったこと、悲しかったことのほうがいっぱい詰まっている。しかし、一方で、苦しみながらも、世の中に貢献する製品を何度も市場に投入することができ、おじいちゃんの大きな誇りとなっている。

でも、そんなおじいちゃんの行動を見て、もっと人のいうことを聞いて卒なく生きる、すなわちもっと「器用に」生きればよいのにと思う人たちもまわりにはたくさんいたことも確かだ。しかし、周囲に迎合して、嫌いなことをいやいや行いながら生きる日々は自分をからっぽの人間にするだけだ。そして、経験したこともないような気だるさを感じて仕事に対する意欲がなくなってしまう。自ら決断した結果としての喜怒哀楽の思い出がたくさん詰まった人生、これもまた楽しからずやといったところだろうか。

そして、会社を新たに興したおかげで、新たな仲間たちと仕事をすることができ、ますます、君たちに話せる思い出は増えそうだ。

さて、「坂入《さかいり》 実《みのる》」というおじいちゃんの昔話を始めようか。

目次

第4章 自分の特徴にあわない生き方に気づく
——自分の進むべき方向を熟考し、行動をおこす——

第1章

自分の特徴は自分でもなかなか把握できない

――新たな環境のなかで小さな気づきが増える――

「M君との対話（ゲノム・遺伝子・行動遺伝学）」

M君　おじいちゃん、子どものときの性格って、大人になってもそのまま変わらないのかな。いったい、大人になるとどうなるんだろう。

おじいちゃん　おじいちゃんも65年以上生きてきたけれど、大人になったからといって、自分の性格が正しくつかめているのかどうか、とっても疑問だね。

ふだんの生活のなかで、なんとなくこんな特徴はあるかなと思うことはあるけれど、厳しい環境に身を置くことで、初めて気づくこともあった。それも、40歳近くになってからのことだから、自分のことを知るというのは時間のかかることかもしれないね。それに、自分のことをもっともっと知ろうという気持ちを強く持っていないと、難しいかもしれないね。

M君もこれからいろいろな経験をすることで、自分の新たな性格の発見があるかもしれないよ。

M君　新たな発見があるの？　自分のことなのにとても不思議だね。

おじいちゃん　そうだね、自分のことだからよけいにわかりにくいこともあるかもしれないね。発見というより、内部に隠れていたものが表に出てくるといったほうがよいかもしれないな。

M君　それは、どういうことなの？　どうしたらそんなことが起きるの？

おじいちゃん　少し話は難しくなるけれど、遺伝子という言葉を聞いたことがあるかな。

M君　遺伝子？　聞いたことないよ。

おじいちゃん　まず、最近のゲノムの研究成果について少し話をしようか。

ゲノムというのは、ＤＮＡ（デオキシリボ核酸／deoxyribonucleic acid）における４つの塩基の配列に表された遺伝情報すべてのことをいうんだけれど、塩基には、アデニン、シトシン、グアニン、チミンの４つの種類があって、遺伝子の情報はこの塩基配列によって決定されている。その情報に従って体内でタンパク質がつくられていて、このタンパク質がヒトの体を構成している細胞を作る材料になる。こういったとても巧妙な仕組みで、人間は外部から栄養をとって生きていけるわけだ。このＤＮＡにおける塩基配列こそが遺伝子なんだ。

しかし、おもしろいことに、最近、ＤＮＡの塩基配列以外にも遺伝情報があることがわかってきた。代表的なのは、塩基の一部がメチル基と呼ばれる物質と結合することだ。こうなると、メチル化した部分は遺伝情報が伝わらなくなる。そして、メチル化を起こす原因が食生活や運動などの外部環境といわれている。Ｍ君もこれからいろいろなことを経験すると思うけど、結果として遺伝子のはたらき方を変えてしまうかもしれないね。

そして、遺伝子と環境との関係を研究している「行動遺伝学」の最近の研究をみてみると、さらにおもしろいことが報告されているんだ。

年齢と収入に対する遺伝と環境の寄与率について研究した研究者がいるんだけれど、年齢が上がるにつれて、遺伝とその時々の環境である非共有環境の影響が強くなることを報告している。別な言葉でいうと、家庭環境などの共有環境の影響が年齢とともに少なくなって、遺伝と家庭以外の非共有環境の影響が強くなってくるということだ。遺伝情報が具体的にどう変化するかはわからないけれど、とても驚くべき話だね。

おじいちゃんがこのグラフを見たとき、どうしても自分のこれまでの人生に重ね合わせてしまうんだ。おじいちゃんが小さいときは、とても引っ込み思案で内気な性格だった。よそのお母さんからも、ひとりでいるときは本当に借りてきた猫みたいだとよく言われた。考え方もとてもネガティブだった。

でも、その内気な少年が30年のちに、自ら決断して難しい研究開発に挑戦し続ける研究者になるとは、自分でもまったく予想できなかった。そして、それは高校、大学、大学院、社会人時代と、厳しい経験やたくさんの素晴らしい人との出会いとが詰まった非共有環境のなかで、眠っていた「チャレンジ精神」が次第に現れていったからではないかと考え始めたんだ。

M君　たとえば、どんなことで、チャレンジ精神があるとわかったの?

おじいちゃん　そうだな、いろいろと思い出すことがあるね。

「そんな大学に受かるわけないよ……」と言われたのにもかかわらず難関大学への挑戦を続けたこと、「優秀な研究者ばかりいる会社に入っても大変だよ……」と言われたのにもかかわらず敢えて入社を決断したこと、「そんな仕事はいずれなくなるんじゃないか……」と言われたのにもかかわらずわずかな人数で遮二無二研究開発を続けたこと、「そんな弱小課にいるよりほかの花形の部署に異動願いを出したら……」と言われたのにもかかわらず自分の小さな研究チームを率いていく決断をしたこと、「上司の言うことを黙って聞いておいたほうが得だと思うよ……」と言われたのにもかかわらず自分の研究開発方針を貫いたこと、「そんな開発は不可能だよ。やるだけ無駄だよ……」と言われたのにもかかわらず最後の逆転劇で何とか製品化に成功したことなど、チャレンジ精神を想起させる場面はいくつも思い当たる。

あとで話をするけれど、その片鱗は、小学校時代の工作の時間に現れていたような気がするね。

逆に、たくさんの強烈な非共有環境での経験を積み重ねていなければ、おじいちゃんの人生もまったく違った人生になっていただろうね。入れそうな大学に入って何となく就職し、上司から怒られないように言われたことだけを毎日淡々とこなし、自ら大きな決断をすることもなく、感激も怒りも悲しみも少ない人生を送り、定年退職を迎えたかもしれない。Ｍ君に話したいと思うこともほとんどなかっただろうし、まして本を書こうとも思わなかっただろう。

でもね、一方で、この研究はとても残酷なことも示しているんだ。年齢を重ねていくと、遺伝的な素質の差が大きくなってしまうんだ。確かに、これまでに、素粒子論に進んでのちに教授となった超優秀な学生、米国国立衛生研究所（National Institutes of Health：ＮＩＨ）でお会いした超人的なディレクター、そしてノーベル賞受賞者となった先生方など、どんなに努力、勉強したところで、まったく追いつけそうにない人たちともたくさん出会ってきた。そのたびに大きな衝撃を受け、自分の才能があまり高くないことを嘆いたことが何度もあった。

でも、おじいちゃんは歩みをとめなかった。おじいちゃんが、相対性理論で有名なアルベルト・アインシュタイン、ノイマン型コンピューターで知られるジョン・フォン・ノイマン、あるいは生体高分子の構造解析で大きな足跡を残したフレデリック・サンガーのような超一流の頭脳の持ち主でなくても、自分の能力をフルに活用してなにかにチャレンジしたとき、世の中の課題のひとつをクリアすることができるかもしれないからだ。実際、おじいちゃんの行った研究の一部はそうなったしね。

おじいちゃんは行動遺伝学者ではないので、ここまで話してきた考え方が正しいかどうかはよくわからない。でも、こう考えると、自分の人生が何となく理解できそうな気がする。こうやって、昔のことを思い出しながら、点と点をつないでいく作業はけっこう楽しい。この年齢になってもときどき新しい発見があるからやめられないね。

これだけだと、なにを言っているのかわからないだろうから、これから、いくつか具体的な例を話してみるよ。少し話が長くなるけど、我慢してね。

M君　うーん、なんとか頑張ってみるよ……。

「楽しい&つらい思い出／小学校時代」

実が、小学生のときに熱中して見ていたテレビ番組は、なんといってもイギリスで制作された『サンダーバード』だった。再放送も含め、何度も飽きずに見ていた。これはジェフ・トレーシーによって設立された国際救助隊の知恵と勇気に満ちあふれた活躍を描いた人形劇だったが、特撮を駆使することでとても臨場感あふれるものになっていた。特に食い入るように見ていたのが、太平洋に浮かぶトレーシー島の地下に築かれた秘密基地の内部構造だった。これをなんとか模型として再現したかったが、当時はその能力も技術もなかったので、スーパーなどの新聞広告の裏に、番組の内容を思い出しながらその秘密基地を何度も描いていた。

トータルでは200枚くらい描いただろうか、最後の頃にはだいぶ満足いくものが描けるようになっていた（当然、小学生としてではあるが）。HBの鉛筆と三角定規だけを持って、こたつで毎回3〜4時間くらい作図に没頭していたので、母はとてもあきれていた。「作品」を捨ててよいものかどうか悩んだらしい。トレーシー・ヴィラのプールから発進する1号、クリフ・ハウスから発射台に移動する2号、ラウンド・ハウスから発射される3号、緊急ドックから出動する4号、そして宇宙で監視する5号、と思い出はつきない。ただ、当時は島のエネルギー源は何だろうかと疑問に思っていた。2020年、デアゴスティーニ・ジャパンから出版された『週刊サンダーバード秘密基地』で、それが小型原子炉であることがわかり50年来の疑問が解消された。

そののちも、サンダーバードの生みの親であるジェリー・アンダーソンによって名作が生み出されたが、なんとしても発明したかったのが『ジョー90』に出てくる、脳波検出記録移送装置「ビッグラット（Brain Impulse Galvanoscope Record And Transfer：ＢＩＧ　ＲＡＴ）」だった。これを使えばスペシャリストの知識や経験を別の人間が保有できるとのことだったので、これを発明できれば、将来、いかなる人間にもなれると考え、どうすれば開発できるのかと小学生ながら真剣に考えたこともあった。見果てぬ夢だった。


実は、小中学校時代、図画工作あるいは美術が得意科目のひとつであった。絵画はそれほど好きではなかったが、工作は大がいくつもつくほど大好きだった。工作のある木曜日はとても楽しみで、5時間目と6時間目は与えられた課題に没頭した。本当に至福の時間だったし、これほど授業に集中していた時間もなかったろう。結果、常に成績は、小学校2年生の2学期を除いて「5」であった。

小学校2年生2学期の成績が「4」になった理由は今でもよく覚えている。そのときの課題は、家にあるマッチ箱、空き箱などを利用して、自分の好きなものを作ることであった。昭和30年代のことであるから、現在のティッシュ箱、包装箱などのような洒落た箱があるわけはなく、大きさの異なるマッチ箱が主体となった。まだ使っているマッチ箱の中身を全部出してまでマッチ箱を集めていたので、母からはだいぶ叱られた。家で空き箱を集めている段階で、作りやすい「蒸気機関車と客車数両」を想定した。何箱かつなげて多少の装飾を施せば、蒸気機関車と客車にそれなりに見えるはずだということで、適当な箱を集めて客車の数を増やそうと考えた。

図画工作の授業が開始して、1時間ほどでほぼ目的の蒸気機関車と客車を作り上げた。残りの時間はできるだけ蒸気機関車らしく見せるため、工作用紙、のり、はさみで、煙突、動輪、運転室、炭水車を作ろうと考えていた。ただ、あまりにもありきたりの工作だったのでほとんど満足感もなく、物足りなさを強く感じていた。

そのときだった。担任の先生が、みんなの作業があまり進んでいないのを見て、「皆さん、どうですか。箱を使う工作なので、自動車や汽車は作りやすいですよね。でも、オートバイはできませんよ」と笑いながらおっしゃった。多分、先生の発言の意図は、遅れ気味であった生徒の工作を促すためのものであったに違いない。

想定どおりに蒸気機関車と客車をほぼ仕上げて、多少手持ち無沙汰にしていた実は、この先生の言葉で、いきなり「発奮スイッチ」が入ってしまった。そのまま提出すれば、間違いなく「最高点」が取れていたであろう作品「蒸気機関車と客車」を、何を思ったかいきなりつぶして、どうすればオートバイができるか考え始めてしまったのだ。

「オートバイができないはずはない」

残り時間は50分、何度も簡単な図面を描きながら、箱とその材料を使ってどうすればオートバイを作れるか考えてみたが、なかなか考えがまとまらなかった。

そうこうしているうちに、先生から「残り時間10分です、できた人から先生に作品を見せてください」とのお話があり、同級生たちが次々に先生に作品を見せていた。結局、時間切れとなった実は、工作用紙にオートバイの絵を描いて切り抜き、それをスタンドで立てかけただけの作品を先生に見せることになった。相当焦っていたこともあり、冷や汗びっしょりだった。完全な失敗作であった。「蒸気機関車と客車」のままにしておけばよかったととても悔やんだが、一方で、そんな思い切った行動ができる自分にも正直驚いていた。

実の作品を見た先生は、苦笑いしながら「いつもの坂入君だったら、もっとよい作品ができたんじゃないの」と、先生の成績表に実の点数をつけていた。先生の書きぶりから、いつもと違いかなり低い点数であることがわかった。結果、その学期の成績は「4」となった。図画工作・美術で、小中学校時代に唯一取った「4」であった。

小学校時代にはとてもつらい思い出もある。4年生になった頃、念願の工作クラブに入り、クラブ活動のある木曜日6時間目の授業がとても楽しみになった。3回ほど工作クラブの活動に出席した。最後の工作は、今でも良く覚えているが、プーリー（滑車）の工作キットの組み立てであった。大きさの異なるプーリーがどのように回転運動を伝えるかの理解を深めるためのキットであった。夢中になってキットを組み立てた。

そんな幸福な時間を送っていたとき、実はまさに「天国」から「地獄」に突き落とされることになった。急に合唱クラブのテストを強制的に受けさせられたのだ。各クラスから選抜されたメンバーは、県の合唱コンクール予選（ＴＢＳとＮＨＫの２つの合唱コンクール）に向けて、朝に夕に合唱練習をさせられることになった。実は特に歌がうまかったわけではないし、音楽に対してそれほど興味があるわけではなかった。いや、ほとんどなかったといっていい。そのせいかクラブ顧問の先生からはかなり厳しい指導を受けることになり、精神的にかなり追い込まれていった。

一番いやで恥ずかしい思い出は、発表会前の練習で、全体の出来が良くなかったせいか、クラブ顧問の先生の機嫌が悪くなり、実の音程がはずれていることが特に気になったのだろう、皆の前で「坂入、大きな声で歌わないで」と言われたときだ。

なんとかほかの子に追いつこうと考え始めたときだったので、このひとことでまったくやる気を失った。それに、たくさんいる女の子の前で恥をかかされたことも、実にとってはいやな思いを増幅した。思いあぐねて、担任の先生に元の工作クラブに戻してほしいと何度か願い出た。結局許可は下りなかった。小学校時代にも、当然のことながら楽しいことはいろいろとあったと思う。しかし、今でも、小学校時代のことで真っ先に思い出してしまうのは、何度も記憶を反芻してしまう「合唱クラブでのつらい思い出」だ。

このときの「つらい経験」で、実は自身がやりたくもないことを強制されると、どのような精神状態に追い込まれるか、いやというほど経験した。体が重くなり、動作も緩慢になる。そして、頭がぼんやりしてくる。それまでに「経験したことのない気だるさ」が体全体を覆った。クラブ活動をさぼることも何度か出てきた。あの合唱クラブがもう少し続いていたら、登校拒否になっていたのではないかと思うくらいだ。それほど、小学生の実には合唱クラブの経験は、耐えきれないほどつらい思い出になった。

後年、会社で管理職になったときにも同じような「経験したことのない気だるさ」を感じることが何度もあった。同じ言葉が使えるほど、小学校時代の感覚と似ていたからだ。小学校時代の経験から、このような精神状態から脱却するには、その環境から逃げ出すか、新たな挑戦を積極的に行うしか解決策はないと考えるようになった。

学業に目覚め、全国を意識しはじめた／中学校時代

地元の公立中学校入学と同時にサッカー部に入った。小学校時代の体育でサッカーが一番楽しかったからだ。当時のサッカー部は1年間ほとんど休みなしで練習を行い、毎日、汗と泥まみれで疲れ果てて家に帰るので、夕飯後はあまり勉強をせずに寝てしまっていた。しかし、サッカーの基礎や戦術を教えてくれる指導者がいないこともあり、お世辞にも強いチームとはいえなかっ

た。

1年生の夏休み合宿以降、実のポジションがゴールキーパーに決まった。3年生まで部活動は一応継続したものの、ミッドフィールダーが希望であった実のサッカーに対する情熱は、この段階で急速にしぼんでしまった。本来であれば自分の希望のポジションを主張すべきだったのだろうが、先輩や同級生があまり文句を言わない「内気な実」にゴールキーパーを押し付けたというのが大方の真相だろう。それだけゴールキーパーというポジションは嫌われていた。

後年、大学院修士課程のとき、筑波研究学園都市の高エネルギー物理学研究所（現在の高エネルギー加速器研究機構）に長期派遣となり、同研究所のサッカー部に入った。当時は、サッカー好きの教授や職員が集まってミニゲームを昼休みに毎日行っていた。そのなかで、実は、守備力が高く、視野が広いので時々予想もしないところにスルーパスを出す能力が評価され、すぐに、筑波リーグのレギュラーに抜擢された。ポジションは念願のミッドフィールダーである。中学時代より、サッカーがはるかに楽しくなった時期だった。

こんななかで、実の興味は、次第に別のところに移りはじめた。中学校入学の頃から、それなりに学力が高いかもしれないと気づき始め、中学1年生の後半になって勉強に対する意欲が急に湧いてきたのだ。

2年生になると、数学、英語に関しては能力別の授業が行われた。実は一応最上位クラスであったが、地方の公立中学校とはいえ、まわりの同級生がかなりの秀才に見えた。1年生のときと同じような生活をしていては成績上位に食い込むことは難しいと考え、次のように勉強のスタイルを変えた。

（1）勉強する習慣を身につける。

部活が終わったあと、どんなに疲れていても、夕方6時30分からのNHKラジオ講座『中学生の勉強室』を必ず聞いて勉強した。30分間の講座であったが、これで毎日の勉強を習慣づけることができた。特に、東京都立八潮高等学校の小田島哲哉先生が担当された国語が好きだった。

（2）英語と数学は毎日勉強する。

両科目は毎日少なくとも1時間程度参考書を使って勉強した。参考書名は忘れたが、中学3年間で学習すべきポイントをまとめたものを何度も読み返しては問題を繰り返し解いていた。加えて、英語は音読を大切にした。

（3）理科と社会は授業中心で行う。

理科、社会はもともと好きだったこともあり、授業を真面目に受けることで勉強時間の少なさをカバーした。教科書といっしょに参考書をいつも開いて知識の量を増やした。

以上のたった3つのことだったが、やはり継続は力なりである、3年生のときには、学年で3番以内に入る学力を身につけていた。県内で一斉に行われる教研テストでも県内での順位は50番くらいに上がっていた。

国語はどうしたのかというと、ラジオ講座以外ほとんど勉強しなかったが得意であった。定期テスト前に漢字のチェックをするぐらいで十分であった。どういう意図かわからなかったが、父が一式まとめて購入してくれた『小学館・世界少年少女文学全集』50巻を、休日を利用して、小学校5年生までに読破してしまったことが大きかったように思う。特に、『十五少年漂流記』はおもしろかったので何度か読み直した。これを題材にして、読書感想文コンクールに応募したこともあった。

この小学校時代の50巻読破は、国語で必要な語彙力の強化にもつながったが、結果的に多読の習慣が身について国語力が大きく向上したように思う。ちなみに、この多読の習慣と文学好きの兄の影響からか、中学3年生の頃には、明治文豪の小説をかなり読んでいた。知の巨人といわれる「森鷗外」の漢文交じりの文語体で書かれた文章には畏敬の念を抱いたが、一番好きだったのは「志賀直哉」の写実的な文章であった。『城の崎にて』における部屋の窓から眺める蜂の巣についての描写には、特に惹かれるものがあった。自然をありのまま眺めそれを写実的な文章にする能力に強い憧れを抱いていたのかもしれない。『城の崎にて』の文章の一部をそのまま何度か書き写したこともあった。

茨城県の筑波山近くの下妻市で商家の次男坊として育った実は、兄が商売を継ぐことになっていたこともあり、中学生の頃から、自分が将来なにになりたいか、なにに向いているのか、ひとりでしょっちゅう考えていた。

仲間たちとわいわいやるよりも、ひとりで遊ぶことが好きで、好きなことには何時間でも集中できるタイプであったことから、地道に仕事を進める技術者や研究者のような職業が向いているのではないかと朧気《おぼろげ》ながら考えていた。確かに、この頃から、兄が使っていたアルコールランプ・ビーカー・石綿金網・三脚台のセットをときどき倉庫から取り出して、ビーカー中の水にいろいろな物を入れては加熱沸騰させその変化を観察していた。いっぱしの科学者になったようでけっこう楽しかった。ただ、庭で捕まえたジョロウグモがその対象となることもあった。まったくひどい話だ。

しかし、現在のようなインターネット時代と違って、当時、地方で得られる世の中の情報はごくわずかであった。近くの小さな本屋で、科学雑誌を見つけてはざっと読んで、最新と思われる世の中の情報を断片的に仕入れるしか手がなかった。当時、『日経サイエンス』が創刊されて間もない頃だった。

同居していた従姉が大学受験を控えて、旺文社から刊行されている『蛍雪時代』という定期購読雑誌をとっていたので、中学生の実は、それをときどき眺めていた。高校2年生が志望校を考え始める3月には、分厚い大学紹介号が発刊された。興味本位でその雑誌をよく開いていたが、全国には多数の大学があるものの、東京大学や京都大学を紹介しているページ数は他大学に比べてかなり多く、安田講堂や時計台の写真が大きく掲載されていた。

せまい地域の受験生だけの勝負となる県立高校の受験と違い、大学入試では、全国の秀才たちとの競争になる。小さいときから勉学に適した環境で育っている都会の秀才たちに勉強で勝てるとはとうてい思えず、地方の公立中学で成績上位というレベルで喜んでいるようでは、難関大学に受かることは不可能であるとしか思えなかった。まだまだネガティブな性格が抜けないときであった。

［エピソード1］　中学生のとき、腕相撲がやたらと強かった

実が小学生、中学生当時の家業は、飼料の特約店であった。飼料は丈夫な紙袋に入っており、1袋20キログラムの重さがあった。毎週水曜日、工場から配送されてくる1000袋もの荷物を倉庫におろした。家族総出での作業であったが、いつも夜の9時

過ぎまでかかったと記憶している。

小学校高学年になると、兄とともに、毎週この作業を手伝うことになった。小学生の頃は、1袋（20キログラム）を担ぐのが精一杯であったが、中学生になるとサッカー部で体を鍛えていることもあり、同時に2袋（40キログラム）、3年生の時には3袋（60キログラム）担いでもびくともしなくなった。その結果、腕力が急速に強くなり、中学2年生のときには、クラスに腕相撲で実にかなう同級生はまったくいなくなった。

これを聞きつけた隣クラスのI君が毎日昼休み、実に挑戦しにきた。最初はあまりにも弱くて、簡単に打ち負かしていた。彼はとてもくやしかったようで、それからダンベルで腕を毎日鍛え始めたようだ。確かに、次第に腕が太くなって、力が強くなったことは腕相撲勝負のなかで感じることができた。しかし、実は、毎週20キログラムの紙袋を数百袋かついでいるのだ。鍛えるためではなく、家業の手伝いのためであったが、鍛え方のレベルが根本的に違った。

しかし、夏に始まったこの腕相撲勝負が半年も続くと、実もさすがに辟易《へきえき》としてきた。中学校2年の3月頃、わざと彼に負けた。すると、よほど嬉しかったのだろう、彼は小躍りしながら、大粒の涙を流して号泣したのだ。半年間腕を鍛え上げて、強敵に勝ち大きな達成感を得たのかもしれない。わざと負けた実は大変申しわけないことをしたと思ったが、彼は二度と腕相撲の勝負には来なかった。高校受験勉強も本格化するなかで、実は、ようやく落ち着いて、昼休みに本を読めるようになった。

腕力自慢にはもうひとつ思い出がある。大学に入学した4月頃、体力測定があった。そのなかで、腕立て伏せ（プッシュアップ）は各自が限界までやることになった。だいたいの学生が10～20回程度でダウンとなったが、実ともうひとりの学生だけは50回を超えても続けられた。しかし、実は70回を超えたところでダウンとなった。もうひとりの学生はまだ続けられたようだが、先生からストップがかかった。体力測定後、東京都港区出身の彼に「腕力はどうして鍛えたの？」と興味本位で尋ねたところ、「小さい頃から、母に厳しいピアノレッスンを受けたことかな。ところで君は？」という返事が返ってきた。実は答えられなかった。

CMの高校生と同じ生活だった／高校時代

実は、地元の公立中学校から、茨城県立下妻第一高等学校に入学した。当時、自宅から通学圏にある進学校はこの高校しかなく選択の余地はなかった。このあたりの事情が、高校の選択肢が豊富にある都会の学生にはあまり理解されない。

高校は、自宅から徒歩で10分もかからないところにあったので、家を出るのが8時20分頃でも1時間目の授業には十分間にあった。

この通学路の途中には長さ20メートル、幅が4メートルくらいの石畳があって、大きさが不揃いの御影石が敷き詰めてあった。石畳沿いに民家が向かい合っていたが、左側の民家に住んでいたおばあさんが毎朝石畳全体を掃除していたので、石畳の通学路は塵ひとつなくいつもきれいだった。その家には石畳に面した木製の通用門があり、数段の石段を下りると石畳に出られるようになっていたが、黒っぽい格子戸と灰色がかった御影石とのコントラストがなんともいえない古風な風情を醸し出していた。高校時代、なぜか、この石畳を歩くのが密かな楽しみだった。5度くらいのゆるやかな坂道になっており、上りきったところには写真館があった。

春は写真館の塀越しに見える椿の花を視界に入れながら坂道を上り、夏は朝早くから打ち水がされてところどころ濡れた石畳を、汗を拭いながら少し大股で歩いた。秋には左側の民家の木から落ちたであろう楓の葉を強く踏みしめていった。石畳のせいか踏みしめたときに出る音色がカサカサと乾いていて、秋の気配を強く感じることができた。冬は雪が積もって真っ白になると、革靴と石畳に挟まれた雪がキュッキュッと鳴りとても耳に心地よかった。

石畳を歩く時間はわずか20秒程度だったが、実はこの時間をとても大切にしていた。また、この通りを左側に曲がったところで、別の高校に通う「中学時代の同級生」に挨拶することも密かな楽しみのひとつであった。

当時、高校は、国公立大学に50～60人程度が合格していたが、残念ながら、東京大学などの難関校にはわずかな人数しか合格していなかった。危機感を抱いた先生方の長年の努力もあり、現在は、国公立大学には１５０名ほどが合格しており大学進学率ではかなり躍進している。附属中学校もできた。ただ、昭和40年代は、茨城県全体でも東大合格者は20名程度で明らかに教育後進県であった。筑波研究学園都市が建設中の頃だった。

そんな状況のなかで、実はどうやったら難関校に合格できるのか、高校１年生の頃から受験雑誌を読んではいろいろと対策を考え始めた。

高校１年生になって、学習内容が難しくなったこともあり、中学時代と同じような単純な暗記を中心とした勉強法では通用しないことを痛感した。そこで、高校での勉強法を大きく見直すことにしたのだが、参考にした『難関校受験合格体験記』や『灘高校生日記』などを読んで、全国トップクラスの進学校の授業スピードに愕然とした。灘高校では、高校２年生までに受験科目のすべての過程を終了し、最後の１年間は完全な受験対策勉強になるというのだ。中高一貫校ならではの勉強法であろうが、最近では高校１年生で終了する私立学校も出てきているという。単純な計算では、中高一貫校の高校と地方の県立高校では、高校入学時点で、1500～3000時間の勉強量の差があるということだ。

地方の高校生がこれらの都会の高校生とどう戦えばいいというのだろうか。当然のことながら個人ごとにその方法論は大きく異なるだろう。その解答を出すのに悩みに悩んだ。勉強時間の差をカバーするために、とんでもなく無理な勉強計画を立てるしかないと思い詰めた。一方で、実を強く元気づける事実も見つかった。近い親戚に、旧制第一高等学校、東京帝国大学を卒業した方がいたのだ。加えて、あの時代にあって、母方の祖父「福田長一」は盛岡高等農林学校（現在の岩手大学農学部）、母方の祖母「いへ」は共立女子専門学校（現在の共立女子大学）という高等教育を受けていることがわかった。それ以降、自分の能力がどの程度のものなのか、難関大学を受験して試してみたいと思う気持ちが次第に強くなっていった。

実はどういう勉強法が自分にあったものか答えをなかなか見出せないまま、高校2年生になった。この頃は、愛読書が日比谷高校の英語教師であった森一郎先生の『試験に出る英単語』『試験に出る英熟語』で、ほかにもやたらといろいろな参考書（『大学への数学』『チャート式シリーズ』など）、大学受験ラジオ講座（旺文社）や通信添削（Z会）に手を出す受験生になっていた。結果として、勉強に時間をかけている割に成績はあまり伸びなかった。

今から考えると、まったく褒められた勉強方法ではなかった。これではいけないと高校3年生になって、自分の実力にあうと思われた参考書とラジオ講座だけを繰り返し行うことにした。まったく歯がたたなかった通信添削は真っ先にやめることにした。大学入学後、このかなり難解な通信添削の数学の問題で、毎回ほぼ満点をとっていた灘高校の超秀才に出会うことになった。大学時代の別の同級生に聞くと、高校時代から全国ではかなりの有名人だったらしい。でも、こんな「超優秀な学生」と張り合っても仕方がなかったのだ。

スマートフォンで写真を気軽に撮るような時代ではなかったので、高校時代の写真はほとんど残っていない。しかし、高校3年生の実の生活を想像できるＣＭがある。満島ひかりさんが「ファイト！」を歌う大塚製薬のＣＭである。

特に、「とどけ、熱量。」篇に出てくる高校生の姿は、高校時代の実そのものだった。全国の会ったことも話したこともない秀才たちに打ち勝つために、休み時間には、当時大流行であった英単語集や英熟語集を開き、授業が終わるとすぐに家に帰って、ほぼ毎日、少なくとも数学2時間、英語2時間、物理1時間、化学1時間、古文30分の勉強を行っていた。ただ、カロリーメイトやカップヌードルのような気の利いた夜食はなかった。袋詰めのインスタントラーメンが夜食の時代である。

毎日の勉強の計画表はＡ０判のポスター用紙にマジックで書いて、でかでかと勉強机横の壁に貼っていた。何度も作っては貼り直していたので、クリーム色の壁は今でも「がびがび」になっている。その計画がこなせなかった日は強い後悔の念にとらわれ、なかなか眠れなかった。寝るのはいつも午前2時過ぎだった。ひどいときには午前3時を過ぎたように思う。それほど、全国の見えない秀才たちの存在は実にとって脅威で、勉強すれば勉強するほど不安感は増すばかりであった。

当時、加藤諦三氏（現在、早稲田大学名誉教授）がパーソナリティーをつとめるラジオ深夜番組『セイ！ヤング』をときどき聞いて気晴らしにしていた。都立西高等学校から三浪して東大に入学された過程で、いろいろ悩んだこと、苦しんだことを熱く話されていた。この点に深く共感していたのだろう、加藤氏の著書は何冊か購入した。それにしても、話のなかに何度も出てくる高校時代の同級生「Y」はどんな人物だったのだろうか。

中島みゆきさんの『ファイト！』の歌詞には、その歌声とともに心打つフレーズがいくつも登場する。まさしく高校時代の実の心情を代弁していて、この歌を聴くと、なんともいえない高揚感を今でも覚える。

当時の実の勉強部屋は、すりガラスのはまった木製の引き違い窓で三方が囲まれた部屋で、カーテンはなく風通しがとてもよい部屋だった。真夏は扇風機ひとつと汗拭き用の手拭で乗り切った。当時、現在のタオルのような吸湿性のよいものはあまりなく、まさに生地の薄い手拭であった。真冬の気温は今よりだいぶ低かったにもかかわらず、足温器が唯一の暖房器具で、綿入りはんてんと指の先端部分を切った軍手がもうひとつの越冬のための武器だった。加えて、羽毛布団のような気が利いた寝具もなく、やたら重くしかも冷たい綿の布団に潜りこんでも、なかなか寝つけない。確かに、真冬は「ふるえながら」勉強していた。

実は、自分に適した勉強法を3年間模索しながら受験勉強に没頭していたが、結局現役では合格することはできなかった。「うちの高校から、東大なんか入れっこないよ」と考える多くの同級生たちに囲まれて、孤軍奮闘していた実は、自分の実力が全国のなかでどの程度の位置にあるのかまったく把握できておらず、いつまで経っても自信が持てなかった。年に数回受ける全国模試だけでは、判断しようがなかったのだ。当時の18歳人口は１５６万人と多かった。

予備校の効率的な受験勉強法に集中した／浪人時代

実は、東京で私立の寮に入り、S予備校に通うことになった。この予備校では入学試験があり、その成績順にクラスが振り分けられる。志望校に落ちたばかりであまり試験の結果に自信はなかったが、理科系予備校生約２０００人の最上位クラスで、２００人いるうちの１３０番目くらいの成績であった。この予備校では、毎年、約７００人が東京大学に合格するので最初から東大合格確実圏であった。

そして、テストの成績順に並ぶ隣の席には、開成高校、麻布高校などの有名私立高校卒業の学生が座っていることに大きな違和感を覚えた。現役時代、まったく歯が立たないだろうと勝手に思い込んでいた学生と肩を並べていたのだ。ここで初めて、高校時代の無謀ともいえる努力が無駄ではなかったことに気がついた。受験直前には、予備校全体で80番程度に成績は上がっていた。

やたらといろいろな教材に手を出した高校時代の勉強法を大いに反省し、予備校から提供される教材のみの予習と復習を毎日徹底的に繰り返した。現役時代の予習中心の勉強法から、予習、復習を徹底する勉強法に変えたのは浪人時代からであった。数学、英語、現代文、古文はともかく、物理と化学は授業時間が少なかったので、ほかの教材に手を出す強い誘惑にかられたが、それを振り切って教材の予習と復習だけに絞った。結局、配布された予備校教材の復習は、電車での通学時間も有効活用しながら、年間を通して20回以上におよんだが、同じ教材をこれほど復習したことは後にも先にもない。それでも、夜の12時には就寝し、朝の6時まで睡眠をとることができた。現役時代の生活とはまったく違ったものになった。正直いうと、勉強法について個人的な工夫を加えたかったが、第一志望校合格という結果を短期間で出すために断念した。

東大合格確実圏を1年間維持し、東大理科Ⅱ類を受験し無事合格した。東大の過去問演習などはいっさい行わなかったが、当時の予備校教材は東大の過去問を十分に研究した上で作られているといわれており、それを１００パーセント信じた。東大二次試験では、十分な手ごたえがあったので、解答速報を見ながら、ざっと自己採点をしたら、数学7割、英語8割、現代文9割、古文5割、物理9割、化学9割という結果で、合格は間違いないと確信した。正直、物理と化学は勉強時間が足りなかったのではと、多少の不安を感じていたが、実際の二次試験では「意外に簡単だな」と思うほど実力は上がっていた。

ちなみに、この年は私立大学も2校受験したが、数学の問題に唖然とした。数学でさえマークシートだったのだ。それも、0.1、0.01、0.001、0.0001と同じような数字が並んでいるなかでの選択方式だった。2校とも有名私大であったが、こんなことで数学の点数をつけようとしているのかと相当がっかりした。

一方で、東大の数学二次試験は2時間6問の記述式であった。HBの鉛筆を1ダースと消しゴム3個を準備して、腕時計をその横に置いて万全の体制で試験に臨んだ。手強《てごわ》い問題ばかりであったが、4問解答、残り2問は途中まで記述というところで時間切れとなった。しかし、2時間全力で鉛筆を走らせた結果、終了後はとても清々しい気持ちになった。強く鉛筆を握っていたせいか、右手中指の先端が大きく窪み多少痛みを感じたが、とても心地よい痛みであった。入学試験でこのようにやり切ったという気持ちになったのは、あとにも先にも東大数学二次試験以外にない。

「1975年3月／東大受験のとき・合格発表のとき」

実が東大を受験したこの時期には、忘れられない出来事が3つあった。

1つ目は日本経済新聞夕刊に掲載された写真だ。これは、実が東京大学の二次試験を受ける際に、受験票を取り出そうとしながら正門に向かっているときの写真である。受験会場に早く行くことに集中していたため正門の係官の人しか目に入らず、写真を撮られていることにはまったく気がつかなかった。この記事には「国立大学一期校入試始まる　5・2倍　いざ出陣」というタイトルが付けられ、昭和50年3月3日の日本経済新聞夕刊に掲載された。

実家で最初に気づいたのは姉だったらしく、家中で大騒ぎになったとのこと。すぐに新聞社に電話して写真の入手をお願いしようかという話も出たが、不合格だったら格好が悪いということで、3月20日の合格発表待ちとなったようだ。ただ、これで家族全員の気持ちは「絶対合格間違いなし！」という雰囲気になってしまったと、あとで姉から聞いた。合格で本当によかった。

続いて、2つ目は合格発表当日の3月20日の出来事だ。これは兄が最初に気がついた。実家の庭の小さな池に1羽の「白い鷺」が舞い降りたようで、これは絶対によい知らせだと確信したそうだ。あとにも先にも、鷺が庭に舞い降りたのはこれ１回きりである。20日は、掲示板で合格を確認後、すぐに実家に公衆電話から電話した。最初に姉が出たので「実だけど、合格したよ！」と言うと、姉は、居間で遅い昼食をとっていた母に向かって「合格したって！」と大声で叫んだ。遠くに「受かった？」という母のかなり上ずった声が電話越しに聞こえた。

そして、３つ目は、21日に両親が東大の合格発表の掲示板を見に、仕事を休んでふたりで東京に出かけたことだった。両親は太平洋戦争を経験している。父は水戸連隊として学徒出陣し満州駐屯、ソ連との開戦を経てシベリア抑留というとんでもない20代を送った。のちに、水戸連隊はパラオ諸島のひとつであるペリリュー島へ転戦したが、父は満州に残ることになった。そのままペリリュー島へ転戦していれば戦死している可能性が非常に高かったはずだ。一方、母は10歳のときに父親がフィリピンで戦死し、母の実家はわずかな遺族年金での生活となり、戦後の混乱期の生活はとんでもなく苦しかったようだ。

両親は、戦後すぐの混乱した時期のなかで祖父母は当然のこと、夫と死別した妹親子を引き取り、４人の弟妹が結婚するまで面倒をみて、さらに自分たちの４人の子ども（姉、兄、実、妹）を育てながらの坂入家再建だったので、朝から晩まで働き詰めだった。ふたりで出かける時間など作りようもなかった。それが実の大学合格を機会に、ふたりで初めて東京に出かけることになったのだ。「行けなかった新婚旅行だ」と、母が妙にはしゃいでいたのを今でもよく覚えている。

二次試験当日、東大正門に向かう実。試験のことに集中していたため、写真を撮られていることにまったく気づかなかった。二次試験受験者約1万人のなかでの奇跡の写真だ。この写真は、昭和50年3月3日の日本経済新聞夕刊に掲載された。（提供：日本経済新聞社）
＊写真には一部画像処理を施しています。

小さいときからとても変わった子で両親にはかなり心配をかけたと思うが、これで多少の親孝行はできたかなと、合格とは別の喜びが実にはあった。

21日夕方、父は東京から帰宅後、早速、日本経済新聞社に写真のことで嬉しそうに電話をしていた。後日、きれいに包装された写真が届いた。

そして、もうひとつどうしても加えておきたい話がある。4月の東大入学式のことだ。当時は武道館で開催された。一家族1枚の入場券しか渡されなかったので、律儀な両親は交代で武道館に入ることにしていたようだ。

両親　守衛さん、入場券が1枚しかないので、交代で入学式会場に入ります。

守衛さん　なにを言っているんですか。息子さんが東大に合格されたんでしょう。構いませんから、おふたりで入学式会場に入って、息子さんを祝ってあげてください。

母は、ずっとあとまで、このことを折に触れ、皆に話していた。とてもうれしかったのだろう。心から守衛さんに感謝。

[エピソード2]　おれは男だ！

実が、これまでの人生のなかで一番不安にかられていたのは高校時代かもしれない。いろいろな情報がインターネットを通して簡単に得られる現代と違って、地方に住んでいると大学受験に必要な情報はかなり限定されてしまう。正直、高校時代の実はその大きな不安感を打ち消すかのように、かなりの時間を勉強に費やしていた。それでもまったく自信は生まれなかった。それどころか、模試に失敗するたびに自分の能力の無さを嘆いていた。ネガティブ志向がとても強かった。

その頃、唯一テレビ番組で見ていたのが、日曜日の夜8時から放映されていた『おれは男だ！』だった。特に好きだったのが、森田健作氏（元千葉県知事）が歌う主題歌の『さらば涙と言おう』で、２番の歌詞のくだりは、精神的に苦しくなると自然に口ずさむようになった。高校時代は意外にこの歌に助けられたのかもしれない。

その後、東京で1年間浪人生活を送ることになった。予備校の行き帰りにしょっちゅう口ずさんでいたし、日曜日夕方は住んでいた寮の近くを1時間ほど散歩したが、その際はかなり大声で歌っていた。この歌は本当に、精神的に不安定な10代後半の心の安定剤となった。

実はじつは、主人公「小林弘二」のように思い出いっぱいの高校時代を送りたかったのではないだろうか。心の奥底では、受験勉強に没頭したせいか思い出が薄い高校時代をもう一度やり直したいと思っていることは事実だろう。来世でも覚えているといいのだが。

第2章

自分の特徴を理解するには多様な経験が必要だ
——受け身の姿勢から脱皮し、自らの意志で前に進む——

M君との対話
（生存バイアス・現状維持バイアス・学業的自己効力感）

M君　おじいちゃんはすごく頑張って勉強して、東大に合格したんだね。

おじいちゃん　うーん、おじいちゃんのこれまでの話は、M君にだいぶ誤解を与えてしまっているかもしれないな。おじいちゃんの高校時代は昭和40年代のこともあり、あんな無茶な勉強法をとったけれど、これは皆に当てはまることではないよ。あの時代のおじいちゃんには、たまたまうまくいったと考えてもらったほうがいいかもしれないね。

現在は、昔と違っていろいろな勉強法があるから、それを踏まえて勉強方法を考えてみるといいよ。最近、おじいちゃんが一番気に入っている方法は、動画を用いたオンライン学習コンテンツによる学習方法かな。これで、ときどき、英語や情報技術の勉強をしているけれど、理解できなかったところは何度でも見られるし、再生スピードも変えられる。日本語であれば1・5倍速で見てもまったく問題ないから、時間が限られているときはとても助かるね。50年前に、こんな勉強法があったら、状況はだいぶ変わっていただろうね。おじいちゃんは、かなり早く生まれてしまったということかな……。

さて、いつも難しい話になってすまないけれど、心理学の分野では、「生存バイアス」という言葉があるんだ。

バイアスは偏見、先入観という意味かな。これは、簡単にいうと、一部の成功例だけを取り上げて、それを一般的な方法としてしまうことなんだ。たとえば、おじいちゃんの時代には、受験生の間で「四当《よんとう》五落《ごらく》」、つまり、4時間睡眠で受験勉強すれば合格、5時間睡眠だと不合格ということがまことしやかに言われた。それに、浪人することも割合普通のことだったんだ。高校は4年生まであるとも言われた。でも、これはある特殊な受験生だけの話であって、当時の誰かがおもしろがって取り上げたことなんだよ。こんな例は、世の中にはたくさんあるんだ。

おじいちゃんが、よく言っているように、少し時間はかかっても、いろいろな情報を参考にしながら、M君に適した勉強法を見つけてほしいね。

M君　わかったよ、まずは指先を切った軍手は使わないようにするね。

おじいちゃん　ははは、そうだね、今の部屋はすきま風もなく部屋は十分暖かいしね。でも、指先を切った軍手、意外に温かくて鉛筆も握りやすいぞ。真冬に一度試してみたら?

M君　なんかみんなに笑われそうだな……。

おじいちゃん　いやー、意外にうけるんじゃないかな。

今日は、じつは、もうひとつ話したいことがあるんだ。「現状維持バイアス」だ。これは、未知のものや変化を受け入れず、現状維持をのぞむ心理作用のことだけれど、東大に入った同級生のなかにも、これにとらわれて行動をする人が少なからず出てくる。

どういうことかというと、東大に頑張って合格した結果、まわりの人も驚きの目で見てくれるし、出てくるのは誉め言葉ばかりだ。ずっとその状態が続けばよいなと思ってしまう。そんな余韻にだけ浸っていると、このままでいいやと思って、次の成長の機会を逃してしまうんだ。

正直、おじいちゃんの場合も、地方のことだから東大合格ですごく目立って、あちこちから祝福の電話や合格祝いも頂いたし、4、5月は本当に気持ちよく過ごすことができた。人生で一番心が晴れやかだったかもしれないね。じつは、両親もそうだったろう。いつもまわりからお祝いの言葉をもらって「いやいや、やっとのことでした」と返答していたけれど、顔はにやにやしていたからね。

でも、そういう現状から強い意志をもってできるだけ早く脱却しないと、東大というブランドに頼って4年間楽しく暮らせればいいやと割り切ってしまうことになる。おじいちゃんのときにも、そういう学生はけっこういたんだ。こういう学生は、大学という場を積極的に活用できず、とてももったいないことだね。

もちろん、将来、一流の研究者になるという夢に向かって、受験勉強を一切忘れて、学問の世界に大きな一歩を踏みだす優秀な学生もたくさんいたよ。大学入学時に、こんな学生からすごい知的刺激を受けることができたのはとてもよかったと思うね。

そうだ、折角の機会だから、M君にはもうひとつ話しておきたいね。心理学には「学業的自己効力感」という言葉があるんだ。長くて難しい言葉だけど、簡単にいうと、勉強して苦労しながら理解できた経験や、難関大学などに合格することを積み重ねることで生まれる「学業分野の自信」ということかな。これから長い人生を生きていく上では、大学で勉強したことだけでは十分でないから、自分で新しい分野の勉強をする必要が出てくる。このようなとき、この「学業的自己効力感」が大きな力を発揮するはずだ。

これから、おじいちゃんの大学、大学院時代のことを話すから、今まで話したことを考えながら、聞いてみてね。

「はじめて学問との接点をもった／大学教養学部時代」

1975年4月に、東京大学教養学部に入学した。教養学部のある駒場キャンパスは時計台横の桜並木が満開で、新入生の入学を大歓迎してくれているようだった。この桜並木を歩いていると、東大生になったという実感が沸々と湧いてきた。

駒場に通いはじめると、実は運動部から盛んに勧誘された。最初は柔道部だった。「やあ、君。いい体格をしているな。柔道部に入らないか？」

柔道着を着た先輩たちが実のまわりを取り囲み、柔道部への入部を盛んに勧める。高校時代に柔道の授業があり多少の経験はあったものの、寝技の練習の際に内出血で耳がつぶれてしまうことから、あまり気乗りはしなかったので丁重にお断りした。柔道部の勧誘が終わると、今度は少林寺拳法部、続いては空手部、ボート部、水泳部と次から次に運動部からの勧誘が続いた。家業で鍛えた上半身の骨格が、運動部の先輩方にはそうとう魅力的に見えたらしい。

そうした勧誘を受けなかったのは、理科系の学生は学生実験の関係で、部活動に参加するのは時間的に厳しかったからだ。のちに、同級生から、運動部の一部は試験前日でも飲酒したり、麻雀をしたりして、留年者が大量に発生するという情報も耳にした。浪人しているので、留年はご免だった。くわばらくわばら……である。

もうひとつ教養学部時代の思い出がある。実が駒場に在籍したのは、のちに劇作家・演出家として名を馳せる野田秀樹氏が、駒場の食堂北ホールを改装した駒場小劇場を拠点にして「夢の遊眠社」をちょうど旗揚げしたときだった。野田氏は当時文科Ⅰ類の学生で、五月祭での公演は大人気で会場は連日満員だった。ただ、演劇の内容が難解すぎて、いっしょに見に行った同じクラスの同級生を含め、実たちはまったくついていけなかった。公演を見に行ったのは、それが最初で最後になった。

この年の４月、20年にわたって続いていたベトナム戦争が終結したことも鮮明に覚えている。

東大は、文科Ⅰ類（法学）、Ⅱ類（経済）、理科Ⅲ類（医学）を除いて、教養学部時代の成績で、どの学部に行くかを決定する進学振り分け（通称「進振り」）がある。東大に入ってまで、まだ試験競争があるのかといやになるからか、この段階で、学生は大きく二つに分かれてしまう。東大に入ったことで満足し、行ける学部に行って卒業さえできればよい、学生生活を謳歌したいと考える学生群と、将来の自分の夢を達成しようと頑張って勉強する学生群である。どちらかというと、実は後者であった。

実は、高校時代、数学、物理、化学の科目が好きだった。有名高校出身者の合格体験記を読むと、「数学や物理も暗記だ」とよく書かれていて、実も短期間で成績を上げるために解法を暗記することに集中していた。教科書の説明を読んで理解ができると、例題があって数値を変えるだけで解け、その例題を見れば練習問題も解けるようになった。そのあとの応用問題も、基本問題の解き方を組み合わせればよいことに気がつくとなんとか解ける。このようにして、かなりのパターンを暗記してしまえば、確かに高校時代の数学や物理はなんとかなった。特に物理は、将来、理論物理学者になるべきではと錯覚するほどよい点数をとっていた。

というわけで、2年後の進振りで、実は理学部物理学科を志望しようと考えていた。そのためには高い点数が必要だったのだが、教養学部時代の解析学と代数学の授業ではかなり挫折感を味わった。それなりに数学力があると自負していた実は、暗記したパターンを単に問題に当てはめる能力しか身につけていないことに遅まきながら気がついたのだ。高校までの受験数学と大学の数学とのギャップは非常に大きかった。ε－δ（イプシロン・デルタ）論法など、新しい言葉や定義がどんどん出てきて、高い抽象的な概念の理解を要求されるようになった。そのなかで、数式の持つ意味を深く理解しながら勉強を進めていく学生がいて、知識をどんどん吸収していき、あっという間に別次元の存在になっていった。その多くがのちに大学教授になっている。なかには素粒子論の教授になったとんでもなく優秀な学生もいた。のちの人生で、何人もの超優秀な人間に出会うことになったが「まったく別次元の存在」を知ったのはこれが最初だった。個人の努力だけでは、とうてい埋めようもない遺伝的才能の差をはじめて強く感じた。

大学に入って挫折をいろいろと味わいながらも、研究者になりたいという夢を捨てきれなかった実は、もっと実験を中心とした学科に行くべきだろうと考え、最終的に、理学部化学科に行くことに決めた。実自身意外ではあったが、生物に対する興味もそうさせたかもしれない。

高校時代は、生物は、単なる無味乾燥な暗記科目と考えて興味はほとんどなかった。しかし、ちょうど、ケンブリッジ大学のジェームズ・ワトソンとフランシス・クリックらによるＤＮＡの二重らせん構造の解明から、ＮＩＨのマーシャル・ニーレンバーグらによる遺伝暗号の解明という生物化学ブームが世界的に起こっていた頃で、多くの学生が、学問の新しい巨大潮流になろうとしている「生物化学」を専攻しようと考えていた。当時、新設されたばかりの理学部生物化学科は大変な人気で、同じクラスの優秀な同級生が何人も希望しており、授業の前には、世界の生物化学研究の最新状況を熱心に議論していた。

そのなかのひとつが、１９４４年、波動方程式で有名なノーベル物理学賞受賞者のエルヴィン・シュレディンガーが書いた『生命とは何か』についての議論だったと記憶している。「シュレディンガーの『非周期的結晶こそ生命を担っている分子』という考え方は染色体そのものの考え方だった」とコメントする同級生の姿に、話をまったく理解できない実は愕然とした。いつまでも受験勉強の延長のような勉強だけをやっていてはだめだ、世界の最先端科学ではどんなことがトピックスになっているのか、それを理解するにはどういう知識が必要になるのか、単に与えられた知識をインプットするだけの受け身の勉強法を根本から変える必要があったのだ。教養学部とはいえ、もう大学生なのだ。同級生から得た激しい知的刺激のおかげで、実はようやく大学生への脱皮を図ろうとしていた。

一方、高校時代の生物の授業と違って、大学時代の生物の授業はとてもおもしろかった。特に、加藤栄先生の光合成の授業は、自らが当該分野の一流の研究者であることから、教え方にも熱が入っており、「ほんものの研究者」からその専門分野を教えていただくことの素晴らしさを大学で初めて学ぶことができた。加藤先生は、その後すぐに本郷の理学部植物学科の教授に異動されたので、教養学部時代に加藤先生から光合成の講義を拝聴できたのは貴重な経験であった。

光合成は、光のエネルギーを利用して無機炭素から有機化合物を合成する反応を指しているが、その過程で水が分解されて酸素が放出される。地球上での光合成は陸上植物、藻類などによって行われ、ほとんどすべての酸素は光合成に由来し、ほとんどすべての有機物も光合成に由来するとのことであった。加藤先生の講義で、たくさんの化学物質が何段階にも代謝（物質やエネルギーの流れ）されながら有用な物質を生産していく、自然のあまりにも巧みな仕組みに感動した。どうしてこのように複雑で巧妙な代謝が生物で可能になっていったのか、驚くことばかりだった。

特に、生物の体の多くの部分が入れ替わっているなかで、成長期でなければ全体のかたちがあまり変わらないということが本当に不思議に思われた。あとで勉強すると、こういったものを「散逸構造」というらしいが、生物には流れがあり、エネルギーや物質が流入して生物のかたちを作り、不要なものが流出していくのだ。

最近、この「不要なもの」についての研究、たとえば、便による腸内細菌の研究が盛んになってきているが、実は、このときの勉強と知識が30年後の研究テーマ設定（尿中代謝物によるがん診断）に影響をおよぼしたのではないかと考えている。

大学の講義では、残念なこともあった。その学問の意義を十分理解できず、あまり真面目に講義を受けなかった科目もある。その代表は、「統計学」だ。当時、計量経済学を専門とする嘉治元郎先生が担当された。現在では、計測結果における信号の処理、医療データにおけるデータ解析など、いろいろな場面で使用する重要な学問分野であることを認識できている。限られたデータから、標本データを抽出した母集団の全体像を推測することがとても重要だからである。

しかし、当時はその認識がまったくなかった。入学した段階では、教養学部においてどの科目を受講すべきかについて相談する相手がほとんどいなかったせいもあり、やたらといろいろな科目を受講していた。途中で挫折してしまったが、第三外国語としてフランス語まで選択していた。おかげで、夏休み明けは、17科目の試験を４日間でこなすことになった。解析学や電磁気学の試験が同日になることがあり、試験準備がとても大変で、その後、しばらく夢でうなされることになった。それにしても、高校時代の先輩がほとんどいないことはこういう面でもハンディになるものなのだ。

統計学の授業で、今でも覚えているキーワードがある。「仮説検定」「帰無仮説」「対立仮説」だ。これは、母集団に関する仮説を立てて、正しいかどうかを標本から判断する手段であり、自分が否定したい「帰無仮説」に対して、自分が主張したい「対立仮説」を立てて、どこまでを偶然と認めるかを検討する方法である。講義では、コイン投げで表が出る確率の問題を取り上げていたように記憶しているが、この考え方は医療統計に踏み込むとたくさん出てくる。社会人になって、知識が必要になったときに、学生時代にもっときちんと勉強しておけばよかったと思う科目がいろいろとあった。「統計学」はまさにその筆頭だった。

もうひとつ、教養学部では、どうしても聴講したい講義があった。「科学史」である。当時、教養学部には村上陽一郎先生という有名な科学史の先生がいらっしゃった。高校時代に先生の記事を読んだことがあり、どうしても講義を受けたかった。そもそも世界中にはたくさんの優秀な研究者が存在しており、この研究者たちがどのように新しい発見や発明をしていったのか、どうしてもそのプロセスを学びたかったのだ。中高生のときは、天才だけが歩める、そのような「王道」が必ず存在するはずだと頑なに信じていた。

しかし、内容はとても衝撃的なものであった。科学という分野でさえ、重大な科学の発見の半分程度は、「意図せざる偶然」の結果から生まれているというのだ。その例は、アルキメデスの浮力、フレミングのペニシリン、レントゲンのX線、ニュートンの万有引力、ワトソン・クリックのDNA二重らせん構造など枚挙に暇がない。しかし、この偶然の結果は、十分に準備した者にだけ訪れるということだった。当たり前だが、なんの努力も準備もしないで、単に偶然だけをぼんやりと期待している人にはなにも起こらない。準備した人には、それまで独立に存在するとしか見えていなかった点と点をつなげる線が見えるようになるということらしい。

大学生になって、一流の研究者における研究の方法論に大変興味を持った実は、一時期、教養学部で科学史を専攻しようかと考えたこともあった。しかし、偉人のプロセスをなぞるのではなく、研究者になって自分自身がそのような「意図せざる偶然」になんとしても出会いたいという気持ちがはるかに強くなっていった。

やはり、理学部を選択することにした。

研究者に向け第一歩を踏み出した／大学専門学部時代

理学部化学科に進学した実は、2年間、物理化学、分析化学、有機化学、無機化学、化学反応論などの授業を受けた。物理化学系は得意であったものの有機化学系は苦手であった。そもそも有機電子論がよく理解できなかった。当時、化学科でトップだった同級生にいわせると、「有機合成」にもきちんとした理論があるということだったが、最後までそれが十分に把握できなかった。

また、学部3年、4年は午後すべてが学生実験で埋められ、夜は実験レポート作成に追われた。当時はパソコンも、マイクロソフト・オフィスのような便利なツールもなく、すべて手書きであったので、グラフの作成を含め完成に相当時間がかかった。また、有機合成実験が3年次にあったが、のちに有機合成の研究室に進む連中の操作の手際がよいこと、同じ指示書に従って実験しているのにもかかわらず、彼らは実の半分の時間で学生実験を終えていた。実は、実験に用いたガラス器具を洗浄するのが、いつも最後のグループであった。それに、ガラス器具をよく割っていた。このことも物理化学の研究室に進む大きな理由になったかもしれない。物理化学では、装置を用いた測定や解析、そして測定装置自体の開発が主体になり、有機化学のように物質を化学合成することはあまりなかったのだ。

後年、文化勲章を受章することになるM教授がときどき学生実験を見学しにきた。実がフラスコ内の反応をじっと見ていると、「そうだ、反応の様子をじっくり観察することはとても重要なことだ。これからもそれを続けたまえ」とえらく褒めてくださった。実際には、早く反応が終了しないかなと、ただぼんやりとフラスコを見つめていただけだったので、とても恥ずかしい思い出だ。

ちなみに、このときの化学科の同級生たちはかなり優秀で、のちに、東京大学、京都大学、東京工業大学、早稲田大学、慶應義塾大学などの教授が10人以上も誕生した。

夏に行われた大学院の入試になんとか合格して研究室に配属となり、半年間の卒業研究を行うことになった。あとで、他大学からの受験生もあり、大学院入試は2倍以上の倍率があったと聞いて、一所懸命準備しておいてよかったと胸をなでおろした。

卒業研究では、物性研究講座を選択した。当該講座は、黒田晴雄先生が教授であったが、前任の赤松秀雄先生の時代から有機半導体の物理的性質を研究する物性研究で有名な研究室だった。触媒の研究を行う化学反応講座とだいぶ迷ったが、最終的に、物理計測の比重が大きいことが決め手となったように思う。

大学時代における卒業研究のテーマは、「ヨウ素をドープしたポリアセチレンのX線光電子分光法による研究」であった。角度を変えながらX線を照射することで光電子のシグナル強度の変化を観測し、ヨウ素がポリアセチレンのどの部分に多く存在しているかどうかを評価することが目的であった。

卒業研究の手始めとして、実験室にあった最新鋭のX線光電子分光装置（光を物質にあて生成する光電子のエネルギーを測定することで物質の性質を調べる方法）の使用法を覚えると同時に、FORTRANというプログラミング言語を用いたプログラムの見直しを行い、計算機センターで解析プログラムを何度か走らせた。まだ、プログラムを入力するのにパンチカードを使用していた時代である。加えて、X線光電子分光装置に試料を導入する際、試料を酸化させないために、窒素で置換したグローブボックスの扱い方を熟知することも重要な一歩であった。

そして、最も重要なことが、ヨウ素をドープしたポリアセチレン試料の準備だった。これは黒田研究室では合成できなかったので、当時、ポリアセチレン薄膜の合成に成功していた東京工業大学助手の白川英樹博士にお願いすることになった。東工大といっても目黒区の大岡山キャンパスでなく、横浜市緑区に建設が終わったばかりの「すずかけ台キャンパス」に、白川先生の研究室があった。最寄りの駅は東急田園都市線すずかけ台駅で、当時はキャンパスのまわりにはあまり建物がなく、けっこう寂しいところだった。

指定された実験室で待っていると、にこにこしながら白川先生が現れて、「池本勲先生からお話を聞いています。それでは早速合成しましょう」と合成準備に自ら入られた。ご自分でいつも合成されているせいか大変手際がよく、チーグラー・ナッタ触媒の入った容器のなかを窒素置換して、アセチレンガスを導入して、白川先生が容器をくるりと一振りさせると、容器の壁にあっという間に、光沢のあるポリアセチレン薄膜ができあがった。重合反応にもっと時間がかかるものと思っていた実は、「こんなに簡単に合成できるのですか！」と思わず口走ってしまったが、それほど単純なプロセスだったのだ。どうも韓国からの留学生が触媒の量を一桁多めに入れてしまった結果、このような合成法ができあがったとのことだった。科学の分野では、やはりこういう「意図せざる偶然」を逃がしてはいけないということだろう。そして、科学史で勉強した意図しない偶然の結果が現実にあることを初めて知った。目の前の美しい光沢を持つポリアセチレン試料にとても興奮し一生忘れられない出来事になった。

その日は、ヨウ素のドープ量を変えたいくつかの試料を合成していただいて、本郷の研究室に持ち帰った。

非常に洗練された合成法を見て感激した実は、次の日、早速、X線光電子分光法の測定に取りかかった。マシンタイムの関係で深夜の測定におよんだが、まったく気にならなかった。測定が終わると、何度も計算機センターに足を運び測定結果の解析を行った。最終的に予想どおりの結果が出て論文化することになった。ファーストオーサーは実験全体を取りまとめた助教授の池本先生、セカンドが測定と解析を担当した実、そして、7番目に試料を合成していただいた白川先生の名前が入った。投稿した雑誌は『Chemistry Letters』という日本化学会の速報誌であったが、大学卒業研究が科学論文にまでなったので、とても感激した。実にとっての「人生最初の科学論文」であった。

CHEMISTRY LETTERS, pp. 1189-1192, 1979. Published by the Chemical Society of Japan

X-RAY PHOTOELECTRON SPECTROSCOPIC STUDY OF HIGHLY CONDUCTIVE IODINE-DOPED POLYACETYLENE

Isao IKEMOTO*, Minoru SAKAIRI*, Takayoshi TSUTSUMI*, Haruo KURODA*, Issei HARADA*, Mitsuo TASUMI*, Hideki SHIRAKAWA**, and Sakuji IKEDA**

*Research Centre for Spectrochemistry and Department of Chemistry, Faculty of Science, University of Tokyo, Hongo, Tokyo 113

**Research Laboratory of Resources Utilization, Tokyo Institute of Technology, Nagatsuta, Midoriku, Yokohama 227

The X-ray photoelectron spectra of iodine-doped polyacetylene $(CHI_x)_n$ films are studied. By comparing with the results of Raman spectroscopy, it is concluded that iodine is more concentrated in the surface region than in the bulk when the amount of the doped iodine is small (i.e., $x<0.05$). It is probable that in a heavily iodine-doped film, iodine is distributed more homogeneously throughout the film, and that a considerable amount of iodine in the surface region can be easily liberated when the film is kept in vacuum. The mole ratio of I_5^-/I_3^- is higher in the surface region than in the bulk.

ノーベル化学賞受賞者の白川先生との共著論文（Chemistry Letters, 1979,vol.8.No.10 1189-1192）（出典：日本化学会のウェブサイトから転載）

そして、驚くべきことに、白川英樹先生は「導電性高分子の発見と発展」で、２０００年にノーベル化学賞を受賞された。実の最初の論文がノーベル賞受賞者との共著になった瞬間だった。

「最初のものづくりを経験した／大学院修士課程時代」

大学院時代は、一転して、筑波の高エネルギー物理学研究所（当時）に長期派遣となった。実家が同研究所に近いせいもあったのだろう。同所ではちょうど、強力X線を発生させるシンクロトロン軌道放射光の研究施設を建設中であり、実の課題は、それに向けた製作途中の光電子分光装置を完成させることであった。といっても、設計と製作はほぼ済んでおり、あとは「自動測定」できるようにすることであった。

大きな実験建屋の隣にあったコンテナハウスで、装置を最初に見学したとき、既にできあがっているのではないかと錯覚したが、資金が足りず、「マイクロコンピューター（マイコン）」を用いた自動測定がまだできない状態であった。しかも、マイコンが世の中に出始めた頃で、性能はとんでもなく低く、そのプログラミング自体をどうやるか、研究室の先輩は誰もわからない状態であった。加速器建設を担当している先生方は、エレクトロニクス、プログラミングにとても詳しく、どうすればよいかすぐにわかったと思うが、本業の加速器建設で時間に追われ、とても一修士学生の相手などしていられなかった。研究室の先輩に聞いてもなにも答えてくれないし、自動測定の件は実にまかせっきりであった。しかも、実はマイコンを用いた自動計測の経験がまったくない。

ここで、「だったら、俺がなんとしても立ち上げてやる！」と「発奮スイッチ」が強力に入った。まず、マイコン供給先のメーカー技術者と親しくなり、昼休みなどを利用して徹底的に議論をし、まず何をやるべきかについて技術課題を自分なりに整理することにした。その結果、解決すべき課題がクリアになった。メーカー技術者も自分の仕事があったろうから大変迷惑だったろう、しかしそういう配慮も起こらないほど、実は焦りまくっていた。

よくよく検討した結果、技術課題は大きく3つあることがわかった。光源の波長を変えながらフォトンカウンターからの信号をマイコンで受け取ること、受け取った信号をカウントしメモリに1チャンネルごとに保存して、横軸を波長、縦軸をカウント数のグラフとしてデータを保存しグラフ表示することであった。加えて、計測のダイナミックレンジを広げるために、カウント数の上限を2バイトにすることも大きな課題であった。1バイトではとても足りなかったのだ。今でこそ簡単だが、当時は機械言語による2バイトの計算はけっこう面倒であった。

続いて、フォトンカウンターからマイコンで信号を受け取るには、両者のインピーダンスがあっていないことがわかり、エレクトロニクスにやたらと詳しい加速器の教授が昼休みで休んでいるところを狙って、どうすればよいか教えを乞うた。回路図面を見てあっという間に解決策を見出した先生は「神様」のように思えた。しかし、それ以上は、機械言語アセンブラとフォートランを組み合わせたプログラミングが必要となり、自分で開発する必要があった。

自分で機械言語を勉強しながら、コーディングにつまずくと、プログラミングに詳しい同級生のところに行ってポイントを教えてもらった。だんだんとコーディングのコツがつかめてくると、プログラミングははかどるようになった。

しかし、プログラミングの仕事は、これまで行ってきた実験系の研究とだいぶ異なる。アイデアがあると、コーディングしてすぐにアイデアの検証に入れる一方、これを続けていくと、アイデア、コーディング、バグ取り、プログラムの検証という一連のサイクルを休みなしで行うことになり、あっという間に何時間も経ってしまう。加えて、バグ取りでは、わずかなコーディングミスで、プログラムが動かなくなる。このバグ取りにはかなりの時間がとられ、小さなミスになかなか気づかないことが多かった。どうしてこの程度のミスをうまく処理してくれないのだと、マイコンに八つ当たりすることが何度もあった。

修士課程2年の10月頃、装置はようやく、真空紫外光を用いた光電子スペクトルの自動測定ができるようになった。少しだけ専門的にいうと、分光した真空紫外光を試料表面に照射することにより、放出される光電子の運動エネルギー分布が自動測定できるようになったのだ。修士論文要旨をまとめる時期が迫っていた。

提出した修士論文要旨は、化学専門課程であるにもかかわらず、実のページだけ化学式がないので、同級生の間でとても話題になった。しかし、卒業研究のときと違い、従来確認されている光電子スペクトルが研究室で製作した装置でも測定できるようになったことだけで、得られた結果に特段の感激はなかった。

修士課程の発表会は、化学科の講堂で行われた。苦労しながら、開発中の装置を自動測定可能な状況にして正確なデータが取れるようになったので、実は自信満々で発表に臨んだ。すると、T教授から厳しいご指摘が飛んだ。「君が修士課程で実現した部分はいったいどこなのかね。君が全部設計したわけではないでしょう」

実の発表は、すべて自分ひとりで開発したように聞こえてしまったようだ。少し調子に乗りすぎた。そこで、正確に言い直した。

実　光分光器と電子分光器を用いた光電子スペクトル測定で、マイコンによる自動測定を可能にした点です。得られた光電子スペクトルが正しいかどうかの確認は、金の蒸着面で行いました。

Ｔ先生　そういうことであれば、もっと正確に発表を行ってください。いかにも、全部自分ひとりで開発をしたという印象を与えることは、ほかの共同研究者に対して大変失礼ですよ。

その後は、黒田先生がうまくフォローしてくださりことなきを得たが、この経験は、その後の学会発表でいつも注意する点になった。確かに、Ｔ先生のご指摘のとおりだ。

博士課程に進学することを勧める先生方もいらっしゃったが、30歳近くまで、文献抄録や予備校のアルバイトをしながら学生生活をしている先輩方を見て、日本のアカデミアにおける厳しい現実を知った。結局、実は博士課程に進学することをやめた。いつ正式に就職できるかわからなかったし、大学院時代、装置開発にどっぷりとつかったせいか、自分が研究した証を論文だけではなく、製品として社会実装することに興味を持ち始めたからだ。

祖母や父は、実が学位を取ることを楽しみにしていたようだったが、あとでなんとかなると安易に考えていた。

第3章

自分の大きな特徴に気づく
——挑戦をしてこそ、意図せざる偶然に出会うことができる——

M君との対話

（遺伝子解析・自己統制的自己効力感・セレンディピティ）

M君　おじいちゃんは、大学院までにいろいろな経験をしたんだね。でも、真面目に勉強して、粘り強く研究していたことはわかったけど、おじいちゃんの性格の大きな特徴がまだ見えてきてない気がするね。

自分の性格について、ほかに気づき始めた点はなかったの？

おじいちゃん　M君は鋭いところをつくね。大学院時代までにいろいろな経験をしたとはいえ、その後の大変な出来事を考えると、それほど厳しい経験ではなかったことも確かだね。

話はまた変わるけど、2003年頃には、世界中の研究者が協力して行ったヒトゲノム計画が終了したんだけれど、当時のひとりの全ゲノムの解析費用がどのくらいか想像できるかな。

M君　よくわからないけれど、100万円くらい？

おじいちゃん　もっともっともっと大きな額だ。30億ドルといわれている。当時のレートで、実に3000億円以上といわれているんだ。

M君　えー、とんでもない費用だね。これはひとりの人間のゲノムを調べる費用でしょう。何人も調べようとしたら、大変な額になってしまうね。

おじいちゃん　まったくそのとおりだね。

でも、世界にはとても優秀な人がいて、ヒトゲノム計画に使用したキャピラリー電気泳動法式DNAシーケンサーとは異なる次世代シーケンサーと呼ばれる新しい技術を開発して、今では1000ドル以下で行えるようになった。20万円以下だね。この価格であれば、自分のゲノムを調べてもいいかなという気がするね。実際、日本でもヒト全ゲノムシーケンスを低価格で実施する会社もあるよ。

ただ、その解析結果は究極の個人情報だから、解析するための申請が必要になるし、得られたデータの取り扱いにも十分注意しないといけないね。

M君　ずいぶん安くなったんだね。でも結果を見るのがこわいね。

おじいちゃん　確かにそうだね。

重要なことは、結果としていろいろなゲノム研究が進んだことだ。遺伝子と病気との関係はそのひとつだね。現在では、いくつかの病気について原因遺伝子が特定されているんだ。すごく話題になったからニュースで聞いたことがあるかもしれないけれど、米国女優のアンジェリーナ・ジョリーが遺伝子検査を受けた結果、乳がん罹患の確率が高いということがわかって、健康な乳房にもかかわらず切除したことはとても有名な話だね。

おもしろいことに、遺伝子と性格に関する研究も盛んに行われているんだよ。これから、たくさんのデータが集まって解析が進むと、遺伝の影響力が強い形質については、遺伝子の配列を解析することで、個人ごとにある程度説明できるようになるかもしれないね。少しこわい話ではあるけどね。

たとえば、人間の体には、セロトニンという物質があって、気分の安定に重要な働きをすることがわかっているんだ。このセロトニンを作るタンパク質には、多く作るように命令する遺伝子Lと少なく作るように命令する遺伝子Sがあって、この遺伝子の組み合わせで脳内のセロトニン発現量が違ってくる。LL型、SL型、SS型の順に脳内でできるセロトニン濃度が少なくなってくるということだ。これが、人種によって違っているといわれているけれど、日本人はSS型が多いらしい。

一方、ドーパミンと呼ばれる物質もある。これは、新しい刺激に触れると放出されて快感を誘発する物質だ。その快感をまた感じたいために、脳はさらに新しい刺激を求めるようになる。これが新規探索性と呼ばれているものだ。難しい言葉だけど、簡単にいうと、リスクを冒してでも新しいことに挑戦しようとする性質ということかな。これも遺伝子研究によって、ドーパミンのレセプターと呼ばれるタンパク質の長さが長いほど、新規探索性が高いといわれているんだ。日本人では長さが短い人のほうが多いようだね。

これらの結果から、日本人は不安を感じやすい人が多く、新しいことに挑戦しようとしない傾向があるということを結論づける先生もいるね。ただ、性格のような複雑な形質は、たくさんの遺伝子の影響を受けているはずで、どれかひとつの遺伝子による解析で、それぞれの形質が簡単にわかるとはとうてい思えないね。

かなり難しくなるけれど、量子力学の波動方程式で有名なエルヴィン・シュレディンガーというりっぱな物理学者がいて、『生命とは何か』という本を書いた。このなかには、次のような文章があるから、引用するよ。

「一つの生物体の型をいくつかのバラバラな『形質』に分けてしまうことは適当でもないし、また可能でもないように思われます。生物体の型は本質的に一つの統一されたもの、一つの『全一体』なのです」。

分子生物学や生化学分野の知識が十分でないなかで、このような推論を立てられる物理学者エルヴィン・シュレディンガーはやはり天才というべきだけれど、ゲノム全体が「全一体」で、各遺伝子を制御することで個々の人間が成立していると考えることは、おじいちゃんとしては、とても納得できる話だね。

現時点での分析では、おじいちゃんの性格は、地道な努力を継続できる、観察力が優れている、自分のことは自分で決めたいという心理的リアクタンスが強いなどが特徴だと個人的には考えているけれど、どういう遺伝子がどう働いてこのような性格が形成されているのかはまったくわからない。こういうことが解析できるようになるには、膨大なデータが必要になるはずだ。それに、遺伝子解析で性格のような複雑な形質が解析できるようになるのは、かなり遠い将来だろうね。人間のデータをどう集めるかが大きな課題になってしまうからだよ。

でも、もともとは「内気な性格」にもかかわらず、「他人からの否定的な言葉で、逆に発奮して新しいことに無謀にも挑戦してしまう」という自分の性格の特徴がなんとなく把握できたとき、これは天からおじいちゃんに与えられたささやかな遺伝的才能ではないかと考え始めたんだ。そして、積極的にこの性格を利用していった。

「発奮スイッチ」はおじいちゃんが勝手につけたもので学術的な言葉ではないし、関連する遺伝子がどう働いてそうなるのかもまったくわからない。けれど、この言葉を使うことで、社会人時代に行ったいくつもの「重大な決断」が説明できるような気がしてならないんだ。

一方で、「発奮スイッチ」は別のことを表しているかもしれないね。心理学では、「自己統制的自己効力感」という難しい言葉があるんだ。これはスタンフォード大学のパンデューラ教授がさまざまな恐怖症を克服した人たちにインタビューをして見出した共通点だけれど、「これらの人は、自分は困難を克服できると信じるようになった」ということだ。驚くべきことに、その後の研究で、この自己統制的自己効力感を持っている人は、困難なことに出会っても挑戦する、失敗しても早く立ち直る傾向があるということもわかってきた。本当に、人間はいろいろな可能性を秘めているよね。

でも、この自己統制的自己効力感を高めるには、成功体験を積み重ねることが大切といわれているから、あるレベルに達するにはどうしても時間がかかることは否定できないかな。

M君　へえー。おじいちゃんはいろいろなことを考えながら、仕事をしていたんだ。なんかおもしろそうだね。もっと具体的な話を聞かせてよ。

おじいちゃん　その前に、もうひとつ重要なことを話しておきたい。セレンディピティだ。知っているかい？

M君　聞いたことがない言葉だね。一体なんなの？

おじいちゃん　セレンディピティは、ビジネスや技術に関係した人であれば必ず耳にする言葉だけれど、「予測していなかった偶然によってもたらされた幸運」あるいは「幸運な偶然を手に入れる力」を意味するといわれている。たとえば、ビジネス分野では新たな創造により社会に価値をもたらし、大きな変化を起こすことをイノベーションというけれど、このイノベーションを起こすために必要な考え方として偶然の発見やひらめきが必要だという文脈で用いられることが多いね。

セレンディピティという言葉は、18世紀のイギリスの小説家であるホレス・ウォルポールが「セレンディップの３人の王子たち（The Three Princes of Serendip）」というおとぎ話を読んで生み出した造語らしいけれど、セレンディップ（スリランカの旧名）の王子たちが旅先で優れた能力や才気によって、有益なものを偶然に発見するお話なんだ。
おじいちゃんは企業における研究者だったけれど、おじいちゃんレベルの研究者でも、長く一所懸命研究していると、このような偶然に出会うことが何度かあるんだよ。小さな偶然だったかもしれないけれど、これによって、大ピンチだった開発に成功したこともあるしね。これなくして、おじいちゃんの人生は語れないな。

M君　おじいちゃんの話には、これまで、遺伝子、環境、心理学という言葉が出てきたけれど、さらにセレンディピティということが加わるんだね。なんか話がどんどん難しくなってきたけれど、なにかおもしろそうだ。偶然がどうおじいちゃんの人生に関係していったのか、もっと話してよ。

おじいちゃん　よーし、わかった。これからがおじいちゃんの人生の一番おもしろいところだ。よーく聞いてよ。

「不安でいっぱい／会社員新人・研究員時代」

実は、大学の恩師黒田先生の忠告を無視して、結局、総合電機メーカーの研究所に入社することに決めた。黒田先生は、大学時代の実の実力では、レベルの高い企業ではやっていけないと考えていたのだろう。ほかの電機メーカーや総合化学メーカーにも内定をいただいていたが、正直、美しい庭のなかに佇む研究所の荘厳な雰囲気にいたく感激したことが決め手となった。

半年間の工場実習ののち、研究所に配属された。半導体のような花形部署に行くことを考えていたが、配属先は、研究所のなかでは最も小さい計測機器を担当する研究部であった。長い伝統はあるものの、関係する事業部は同社のなかでも小さな事業部であった。加えて、配属先は、同部では、主流ではないイオン利用技術を担当する研究ユニットであった。まさに、実の淡い期待は粉々にくだかれ、「傍流の傍流」の研究ユニットに配属された。

実はいたくがっかりした。40名ほどいる同期会の飲み会に参加しても、当時花形のＤＲＡＭ(Dynamic Random Access Memory：動的メモリ）を担当する研究ユニットや大型計算機を担当する研究ユニットに配属された連中は、自分がいかに最先端の研究にかかわっており、会社の業績を支えているかについて得意げに話をしていた。「自分の成果でもなかろうに」と実は悔しまぎれにつぶやいていたが、しょせんは負け犬の遠吠え。特に、会社の利益の大半を稼いでいた半導体の連中は、「半導体にあらずんば人にあらず」と、肩で風を切って歩いていた。

それに比べて、存在しても存在しなくてもよいような研究ユニットの実は、黙ってみんなの自慢話を聞いているしかなかった。とても悔しかった。とてもやるせなかった。大学院時代に、物性研究室で有機半導体の研究をかじっていただけに実は忸怩《じくじ》たる思いであった。しかし、20年後、

DRAMや大型計算機に関係していた同期の連中は時代の大きなうねりに飲み込まれていくと誰が予想できただろうか。

配属先の上司はK主任研究員（当時）であった。とても研究に厳しい方であった。ある時期は、数ヶ月間毎日、朝夕に実験のフォローアップが行われた。弱小の部で予算もあまりなく、基本的に工場から移設した古い装置ばかりであったので装置の修理にかける時間も多く、とても短時間で結果を出せるような状況ではなかった。研究報告書は手書きの時代で、現在便利に使われているマイクロソフト・オフィスがなく、報告書の修正はとんでもなく重労働であった。また、大学時代の同級生が研究所に見学に来た際、古臭い装置に囲まれて実験をしている実を見て、冷笑されたこともあった。

この時期は、朝の6時から夕方の6時まで実験をして、それから2時間くらいデータの解析を行う日々だった。真空装置を使用する実験だったので、装置を立ち上げて実験が開始できるまで2時間くらいかかる。ひとりで実験の準備から解析まで行っていたこともあり、正味10時間くらいの実験時間を確保するには朝6時に出勤せざるを得なかった。真冬は真っ暗だった。当時はすでに結婚していて、東京都八王子市の社宅に住んでいたが、5時前に社宅を出て、夜9時頃八王子の坂道を登って社宅に帰ってくるのはとてもしんどかった。

入社してしばらくたつと、実も少しまわりのことが見えてきた。また、研究ユニットでは、毎月1回お茶会が開かれ、先輩方がいろいろなことを話してくれたので、ほかのグループの研究のことも少しずつわかってきた。口うるさい先輩とだけ思っていた研究者が、じつはりっぱな研究者であることがわかった。特に、S研究員（当時）がプラズマイオン源を用いたインプラの研究をしている段階で、壁がまっすぐにエッチングされていることを発見して、別のS研究員（当時）がプラズマエッチングの研究をスタートしていた。エッチングとは材料の一部を取り除いて目的の形状を得る加工法のことだ。当時は、事業部での製品化に苦労していたが、のちに製品化に成功し、「全国発明表彰恩賜発明賞」を受賞するほどのビッグビジネスになった。

この発見のプロセスを知ったとき、実は、初めてこの研究ユニットに配属されたことに感謝した。自分もこのような研究、製品化を将来行ってみたいと心底思った。のちに、研究ユニットリーダとして独立したあとも、まさにこの研究プロセスを目標にしている。じつは、このような素晴らしい研究例が実の配属された研究所にはたくさんあり、尊敬すべき先輩方がいらっしゃることを遠からず知ることになった。

特に、お会いするとどうしても直立不動になってしまう大先輩がいた。丸山瑛一さんだ。当時は材料研究を担当する研究部の研究者だった。のちに、基礎研究所の所長にも就任され、実も数年間直接ご指導をいただいた。

実が直立不動になってしまうきっかけは、丸山さんが『研究開発の年輪――創立30周年記念――』

という雑誌に書かれた撮像管研究に取り組まれたときの記事を拝見したときだ。会誌『返仁』と『研究開発の年輪』は日立関係者の博士号取得者の会（日立返仁会）が発行する定期刊行物である。

丸山さんは、サチコンなどの撮像管で立派な業績を上げられた有名な研究者だった。この記事には、研究初期段階の様子が生々しく記載されていた。フィリップス社が技術的に大きくリードするなかで、開発の非常に難しい研究テーマに初期段階から取り組まれ、研究の方向性が見えるまでわずかな人数で粘り強く研究された。まさにセレンディピティの具現者であった。人づてに聞いた話であるが、丸山さんは、技術支援の女性と、連日、非晶質材料を作っては評価するという毎日を送られていたようだ。材料開発だから、朝から晩まで相当な実験量になったと思う。「わずかな人数で研究の突破口を見出し、最後は事業部を巻き込んで量産化まで持っていく」、企業における研究者のあり方が丸山さんに凝縮されているように思われた。

記事を読んで以来、丸山さんの前で直立不動になってしまうのは、同じ企業研究者として心から尊敬の念を抱いていたからであった。こんな貴重な経験をさせていただいた先輩方には感謝しかない。

「Fere libenter homines id quod volunt credunt（およそ人は自分の望みを勝手に信じてしまう）」

タイトルは、ユリウス・カエサルの言葉である。「およそ人は自分の望みを勝手に信じてしまう」（カエサル著、近山金次訳、『ガリア戦記』）という意味である。一方、作家の塩野七生さんは、「人間ならば誰にでも、現実のすべてが見えるわけではない。多くの人たちは見たいと欲する現実しか見ていない」（塩野七生著、『ローマ人の物語』）と意訳されている。前半部分を加えることで、カエサルがいわんとしたことがより鮮明になっているように思う。さすが塩野さんだ。このラテン語をどう発音するかは正確にはわからないが、若い頃から好んで実験ノートに書いていた言葉だった。それにしても、２０００年以上も前に、このような深い洞察を行っていたユリウス・カエサルには驚きしかない。

また、美術史学者の神田房枝さんという方が、「ダイヤモンド・オンライン」での連載記事のひとつ「本当に優秀な人は『考える力』よりも『見る力』で差をつけている」（「ダイヤモンド・オンライン」２０２０年10月15日）で、次のようなことを述べられていた。人間の知的生産には、知覚、思考、実行という3段階があるが、一番問題なのは知覚で、人がなんの先入観も持たず、眼の前にあることをありのままに見ることができなくなってきているとのことらしい。
20代の頃の実は上司からいろいろと実験の指示があったので、それに沿って実験系を組みたて、データを取っては解析を行い上司に報告する毎日だった。こう書くと、研究者としてきちんと仕事をしていたように思われるかもしれないが、逆にいうと、上司が期待するデータばかり取ろうとして、取得したデータをありのまま観察していなかったのである。これは「確証バイアス」と呼ばれる心理傾向の典型的な例で、上司の意見をサポートするようなデータのみを収集し、それに反するようなデータは無視、あるいは取ろうとしていなかった。本当に研究者にあるまじき態度だった。

この20代の出来事は、その後の研究者人生において貴重な教訓になった。「確証バイアス」なしに、データをありのままに観察することがいかに難しいことか、身をもって知ったのである。30代半ばに研究ユニットリーダになった後は、この教訓を活かしながら実験を繰り返していた。実がよく見ていたデータの形態は、マススペクトルというものであった。これは、縦軸を観測されるイオンの信号強度、横軸を質量電荷比（m/z）で表した二次元表示のことをいう。質量電荷比（m/z）は、イオンの質量を統一原子質量単位で割り、さらにイオンの電荷数で割って得られる無次元量を表している。

専門としない方には、マススペクトルは単にバーがたくさん並んだグラフにしか見えないかもしれないが、そこには測定対象の分子構造情報がたくさん含まれている。従って、ときとして、非常に複雑なマススペクトルになり、わずかな変化は見落としがちだ。しかし、毎日のように膨大なマススペクトルをありのまま見ていると、わずかな変化に気づくことがある。その結果、実はいくつかの新しいイオン化現象を発見し特許化することができた。関連する論文も書き、学位取得にもつながった。また、そのひとつは当該分野で50年以上も世界の研究者が、気がつかなかったイオン化現象で、それを利用した新しい技術は環境分野、フィジカルセキュリティー分野におけるヒット商品のコア技術となった。社外表彰も複数受賞することができた。これは、マススペクトルをありのまま観察できた証拠ではないだろうか。

研究者として自立するとは

新人時代の研究ユニットでは、月１回「お茶会」が開催された。話題はいろいろとあったが、この話になると、研究ユニットの若手がいつも槍玉にあがり、議論が大いに盛り上がった。先輩方から相当辛辣なことを言われても新人時代の実はほとんど黙って聞いているしかなかったが、「最初に人から与えられた研究テーマだけを続けている間は半人前、自分で研究テーマを立ち上げてヒト、モノ、カネを準備できるまでになってようやく一人前だ」というのが議論の大方の着地点だった。個人的にはとても納得できるものであった。

実が勤務していた研究所では、未来を緻密に計画したいという使命感に駆られたテクノクラートがたくさん存在していた。その結果、組織もそれに属する研究者も、大変な労力をかけて作成した計画、戦略、目的に沿って動き、ルール、プロセスを詳細に定め、すべてを計画どおりに遂行しようとしていた。

多くの大型研究テーマは計画どおり進める必要があったのだろう。しかし、どれだけ計画を立て、モデルや戦略を精緻に作ったとしても、研究には常に「予想外」という別の要素が絡んでくる。大学教養学部時代に科学史の授業を聴講してよく勉強していた実は、重大な科学的発見の半分は、意図せざる偶然の結果から生まれていることを既に学んでいた。そして、偉大な先人たちは予想外への備えを十分にして、よけいな先入観を排除していたのだ。

このとき幸いであったのが、「傍流の傍流」の部署にいたことかもしれない。当初、当該部は科学機器ビジネスを担当する事業部を支援する部だったが、世の中が大きく変化するなかで、新しい研究テーマを提案しない限り研究所のなかで生き残れないような部だった。そのようななかで、科学機器から半導体製造装置、検査装置、そして医療機器、バイオ機器への大転換がなされた。

医療機器研究は新しい部が分離独立して既にスタートしていたが、半導体製造装置は事業部での製品化に難航し、バイオ機器も開始したばかりで結果もなく、実自身も必死になって研究の新しい方向性を考え、「高感度分析計の生体計測への展開」を軸に研究を進めていた。

ただ、部伝統のひとり一研究テーマだったので、結果を出すためには、実験の準備、装置の調整（工場から移設された古い装置ばかりだった）、データ取得、データ解析とすべてをひとりで行う必要があった。現在はとても許されない生活パターンだろうが、朝に夕に行われる上司のフォローアップに間に合わせるために、朝６時に出勤し、夜９時くらいに帰宅するような生活パターンとなった。

当初は異動を願い出ようかと真剣に考えた時期もあったが、毎日が実験で必死であったため、そんな思いはいつのまにかどこかに吹き飛んでいた。そして、自分で必死に考えて実験を繰り返す過程のなかでいくつかの新しいイオン化現象に出会えたことが実の人生の大きな転機になった。自らが、科学史で勉強した「意図せざる偶然」の結果に初めて出会うことができたのだ。実は、このときの感激を今でもよく覚えている。ドーパミンが脳にたくさん出ていたに違いない。これをいったん味わうとまた味わいたくなるらしい。これ以降、異動を願い出ようとは一切考えなくなった。

よいデータが取れ始めたときには、守衛所に「今日は徹夜になります」と連絡して、朝までデータを取り続けたことが何度もあった。新しい現象に出会うのは大方がこういうときだったが、真夜中実験室で「よっしゃー（うまく行ったときの実の口癖だ）」と歓声を上げながら、ひとり興奮していた。こういうときは眠気をまったく感じない。こういう一つひとつの積み重ねが、自立した研究者になる前準備だったかもしれない。今から考えると、このときの新しい現象の発見が、後々の依頼研究の重要なネタになっていった。おかげで、事業部の依頼研究テーマはすべて、実のアイデアからの提案とすることができた。

研究に方法論はあるか

この結論が出そうにない議論を行うことも新人時代の研究ユニットの「お茶会」の大きな特徴だった。のちに研究ユニットリーダとなり、どういう研究テーマを推進するかを検討するなかで、当時の先輩方による議論を思い出しながら、研究テーマを再検討することは大いに役に立った。

そのなかで、実は、「新しい発見を研究テーマに結びつけ事業化する」「将来の大きなトレンドを研究テーマ化し事業化する」「他分野の技術を融合させて研究テーマをブラッシュアップし事業化する」という3つの視点に立脚して、研究テーマをいくつか設定していった。ここで、あえて事業化することを加えた。

企業では当然のことと思うかもしれないが、研究所の研究テーマのうち事業化まで到達するのはわずかである。それも、事業化するまで研究を絶対にやめないという覚悟を強く持たないと、「事業部がその重要性をわかってくれないので事業化が進まない」「事業部がこちらの言うとおりにものを作ってくれないので性能が出ない」「世界中の誰も成功していないくらいの難しい技術で簡単にできなくて当然だ」などと泣きごとを言うことになる。実が、唯一先輩方を反面教師としたのはこの点である。

実は、研究員、主任研究員、研究ユニットリーダ時代と、かなりの数の製品化プロジェクトにかかわることになったが、どのプロジェクトでも認定試験が終わるまで自ら工場に長期派遣となった。結局、これが工場の担当者から大きな信頼を勝ち取ることにつながった。

はじめて製品化した

新入社員時代は、上司からいろいろと実験の指示があったので、それに沿って実験系を組みたて、データを取っては解析を行い、報告する毎日だった。

当時の研究テーマは、溶液中の混合物を分離するための液体クロマトグラフの検出器に質量分析計を使用するという新しい分離分析装置の開発であった。この液体クロマトグラフ質量分析計（Liquid Chromatograph/Mass Spectrometer：ＬＣ／ＭＳ）は、液体クロマトグラフで分離された溶液中の試料をイオン化して、これらの試料のマススペクトルを測定する定性分析と、その際のイオン強度から定量分析の双方を行うことがポイントであった。どちらかだけが達成できればよいというわけではなかった。この研究テーマは担当事業部からの依頼研究であった。これは事業部からの資金で研究を行うもので、製品に近い研究を行うものだ。

当初、なるべく熱をかけないで溶液を霧化して放電領域に導入するために、超音波振動子を使っていた。これはアミノ酸や核酸などの熱分解しやすい生体関連物質を測定することを目的としていたためである。しかし、試料溶液は超音波振動子の上で断続的に霧化するので、イオン強度が安定せず、定量分析は無理であった。

このような状況で、生体関連物質は熱分解しやすいとはいえ、溶液中に存在する生体物質を気相のイオンとして取り出すには、ミリセカンド程度の短時間であれば数百度の高温にさらされても問題ないのではないかと考えはじめた。簡単な計算では、加えられた熱は、まずは主に溶媒を気化するために使われるからだ。実際に、２００～３００℃に加熱したステンレス製細管を用いた霧化装置による実験系を組み立て評価すると、生体物質のイオンが熱分解せずに予想以上の強度で観測できることがわかった。しかも、イオン強度が安定して計測でき、定性、定量分析が両方ともできる可能性が見えてきた。

そこで、粘り強く数百種類の生体物質が測定できることを証明して、研究報告と論文にまとめた。何度も研究報告書と論文は書き直しとなった。あるとき、工場の担当主任技師に研究所に来てもらい、開発中の分離分析装置の性能を確認してもらった。結論として十分に製品化できるのではないかということになり、工場で製品化に向けた製品試作が本格的に始まることになった。

実は、自分の技術が製品化されるということで、小躍りするくらい嬉しかった。当時の研究所では、製品化に関与しないで研究生活を終えることが普通の人生といわれていたのだ。

しかし、ある朝、工場の担当のH主任技師から電話連絡が突然入った。

H主任技師　研究所が教えてくれたパラメーターで製品試作をして、プロト機ができたけれど、イオン量がとても少なくて困っているんだ。なるべく早く、工場までチェックしに来てくれないか。

実　どの程度のイオン量でしょうか。たとえば、磁場の手前ではどの程度の電流量が得られているのでしょうか。

H主任技師　それが、わずか0・1ナノアンペアレベルなんだ。これではとても分析できるレベルではないよ。

実　確かに、かなり少ないですね。想定している値より2桁以上低いです。まず、いくつかポイントを確認させてください。第一細孔、第二細孔、イオンレンズの中心軸はあっているでしょうか。

H主任技師　それはまったく問題ないはずだ。セラミック製の治具で、しっかりとアライメントをしてあるよ。

実　それでは、次に、コロナ放電量を確認してください。通常、5マイクロアンペアで放電させています。

H主任技師　それも問題ない。安定に放電している。

実　最後に、第一細孔と第二細孔間の電圧を計測していただけますか。差動排気部電極間の電圧は50ボルトに設定していますので、加速電圧を加味すると第一細孔が3050ボルト、第二細孔が3000ボルトですね。

H主任技師　これもまったく問題ない。今、高圧プローブを用いて電圧を確認したところだ。

実　うーん、電流が得られない原因がよくわかりませんね。ともかく、工場に出張しますので、実機で確認させてください。それに伴い、こちらから高圧電源をすぐに送りますので、実験はあさってとしていただけますか。

H主任技師　わかった。受け入れ準備をしておくよ。よろしく頼むよ。

実にとって、トラブル対策で工場に出張するのは、これがはじめてであった。それ以降は、数えきれないほど工場に出張することになったが、トラブル対策でお声がかかったときは、いつも気が重い出張となった。電話で確認する限り、電流低下のトラブルは起きそうになかった。しかし、トラブルが解決されるまで研究所には戻らない覚悟をして工場に向かった。研究ユニットのメンバーからは、「入社4年目程度の君が、本当に製品開発機のトラブルに対応できるのか」という手荒い見送りを受けて、翌日、朝早く常磐線下り特急に乗車した。常磐線の車中では、あれこれと対策案を考えた。先日、電話で確認した事項を自分で再度確認して、問題なければ「簡単なある実験」を試みようと考えていた。

じつは、自分の装置で実験をするなかでも、イオンビーム近傍によけいな電圧が印加されていると、イオンビームが電圧で大きく振られて、検出器に到達する電流量が大幅に減少することを経験していたのだ。特に、製品では、シーケンスでいろいろな電極の電圧を制御するので、タイミングによっては、よけいな電圧がイオンビーム近傍で発生する可能性があるのではないかと考えた。それで、外部電源を用いて加速電圧のみが印加されるようにしてその状況を確認しようと、自分が日頃使っている高圧電源を工場に送ったのだ。

当時、7時上野発の特急ひたちに乗ると、勝田駅には8時30分前に着く。そこから歩いて工場に向かうと9時前には仕事が開始できた。一刻も早く実機を見たかったのである。試作室では、既にH主任技師が待機していた。そして、研究所から電源が届いていることを確認した。

実　さあ、始めましょうか。まず、先日電話確認させていただいた3点だけ、もう一度確認させてください。

実　……やはり、問題ないですね。

H主任技師　そうだろう。まったく問題ないはずだ。

実　次に、加速電圧3000ボルトをこの電源で印加したいのですが。

H主任技師　それにどんな意味があるの。加速電圧は内部電源からきちんと印加されているよ。それは確認済みだよ。

実　そうおっしゃらずに、やれることは全部やってみましょうよ。

H主任技師　無駄だと思うけど、まあいいや……。

H主任技師は、実が送った電源を用いて、加速電極に3000ボルトを印加した。次の瞬間、H主任技師から素っ頓狂な声が出た。

H主任技師　あっ！　イオンがたくさん出てきた！

実には見慣れているイオン量であったので、大きな驚きはなかった。次は、その原因を探る段階だ。

実　内部電源を用いた場合、どこか剝き出しの電極に、よけいな電圧は印加されていませんか。

H主任技師　そうか、剝き出しになっている電極があるぞ！

実際に計測してみると、その電圧は数キロボルトにもおよんでいた。

H主任技師　これだ、これだ、これが原因だ！　すぐに回路を変更しよう！

回路グループのサポートを受けて、内部電源でもよけいな電圧がかからないように回路変更をしたところ、先ほどのように想定どおりのイオン量が観測された。

トラブルの原因をつかむために、悲壮感を持って工場に来た実であったが、あっさりと午前中には問題が解決されてしまった。昼食をご馳走になって帰途に就いた。どんな小さなトラブルであれ、解決できたときの常磐線上り特急は、いつも晴れやかな気持ちになる。会社に戻ったあと、状況が改善したことを上司にすぐに報告した。

そして、世界で初めての専用の分析装置ということで、ＬＣ／ＭＳが正式に担当事業部から製品化された。国内ではヒット商品になった。当時、工場のラインに行くと、製品がずらりと並んでいてとても壮観であった。やはり自分の成果を論文だけではなく、かたちとして世の中に残していくことは、企業の研究者としてとても誇らしいことであった。

そして、この製品化が「自分のアイデアから生まれた研究成果を社会実装する」という、のちに打ち立てた実の研究方針の記念すべき第一歩となった。

「東京大学より理学博士授与」

所属していた研究ユニットの育成方針のせいか、研究ユニットには博士号取得者が多く、修士卒の実は早い段階から「論文博士の取得を目指すように」と言われた。しかも、上司からは「学位取得はしょせん個人的なこと、当然のことながら就業時間は1秒たりとも使ってはいけない」という厳命があった。また「学位のありがたさは国内ではそれほど感じない、外国に行けばその重要性を痛切に感じるはず」とも何度も言われた。確かに、30代前半における海外での共同研究、30代後半での米国メーカーとの共同開発プロジェクトなどで、学位の重要性を痛感する場面はたくさんあった。

30歳の頃、海外共同研究の社内選抜試験に合格した実は、なんとしても博士号を取得する必要に迫られていた。海外の研究機関では、学位を持っていないと客員研究員として受け入れてくれないところが多い。その時点までに、新しいイオン化現象を見つけて少しレベルの高い論文を数報、一流誌に書いていたので、学位論文をまとめるにはよいタイミングであった。米国出発の１年半くらい前である。しかし、論文の数以上に、主査の先生をどなたにお願いするかが大問題であった。

じつは、大学院修士課程を経て民間企業に就職したが、大学院時代、研究室の恩師黒田先生には、このまま高エネルギー物理学研究所にいてもとても博士論文は書けそうにないので、東大の別の研究室に異動したいなどと申し上げ、だいぶ非礼なことをしていた。だから、黒田先生に学位論文の主査を務めていただけない、務めていただけるはずがないと頭から思い込んでいた。

しかし、出身大学とは異なる別の大学の先生にも何人かお願いをしてみたが、すべて断られた。途方に暮れ、最後に、黒田先生の門を恐る恐る叩いた。予想に反して、黒田先生は快く主査を引き受けてくださった。その場で、「名前の入った論文を10報準備しなさい。学位論文は英語で書きなさい。最低でも１５０ページは書きなさい」という3つの条件を明確に出していただいた。この時ほど、恩師のありがたみを感じたことはない。

上司からは就業時間を１秒たりとも使うなという厳命を受けていたこともあり、「誰が使うものか」といつもに増して発奮スイッチが入り、始業時間前の2時間、帰宅後の4時間を使って、学位論文を半年間でまとめ上げた。久しぶりにひとつの目標に向かって全神経を集中した。黒田先生から出された学位論文の条件をクリアし、原稿を完成させた実は、再度、先生にお会いして原稿を読んでいただき、基本的に学位論文の提出を許された。

東大学内には、博士論文の製本を引き受ける会社があったので、そこに15冊の製本をお願いした。自分が保管する分に加えて、祖母や両親に配る分も含まれていた。黒色のハードカバーに金色の文字という典型的な製本であったが、背表紙に金文字で書かれた学位論文のタイトルがとてもまぶしく見えた。手に取った実は、その重みをひしひしと感じていた。ようやく、ここまで辿り着いたのだ。学位記のタイトルは、『Atmospheric Pressure Ionization Methods for Organic Compounds in Solution（溶液中に存在する化合物の大気圧下におけるイオン化法についての研究）』であった。製本した学位論文を東大事務局に提出しに行ったのは奇しくも昭和天皇が崩御された日、１９８９年1月7日であった。東大に向かう途中で立ち寄った池袋駅のコーヒースタンドの放送で知った。昭和の時代が終わった。

理学博士が正式に授与されたのは米国に出発する1ヶ月前であった。ぎりぎり間にあった。１時間の公聴会では、４人の副査の先生から質問攻めにあったが、すべて自分で取得したデータであったので、落ち着いてすべての質問に答えることができた。公聴会が終了したのち、審査中別室で待機していた実は、笑顔の黒田先生から、「合格したよ。全員の先生から、君の学位論文がほしいと言われた。今日から、理学博士と名乗って問題ない」との、とても嬉しいひとことをいただいた。高揚した気持ちで帰途についたことを覚えている。

東大の正式な記録によると、理学博士授与の正式な日付は１９８９年10月23日、第９４５０号とある。学位記に記載された東大総長は有馬朗人先生、理学部長は和田昭充先生であった。両名とも非常に高名な先生方であった。

ちなみに、東京大学学位論文データベースで、実の学位論文を検索するとＮｏ．２０９４５０とあるが、Ｎｏ．２０９４４９はなんとあの素粒子論で有名な大栗博司カリフォルニア工科大学教授であった。論文タイトルは『Superconfomal Symmetry and Geometry of Ricci-Flat Kähler Manifold（超共形対称性とリッチ平坦なケーラー多様体の幾何学）』とあったが、さて何のことやら。

［エピソード3］学位論文に関する思い出

学位論文を纏めていた30歳の頃、実たち家族は10坪の八王子のせまい社宅に住んでいた。家内と娘の3人家族だった。娘が1歳の頃、実が帰宅すると、なにかを舐めたり折り曲げたりしていた。ほんの数秒で、それが学位論文の原稿を入力してある「8インチフロッピーディスク」であることがわかり、真っ青になった。娘からすぐにフロッピーディスクを取り上げ、PCを立ち上げてドライブに入れてみたが、データを読み出すことはできなかった。6ヶ月の努力が一瞬で吹き飛んだ瞬間だった。

いずれバックアップを取っておこうと思っていた矢先のことであった。すごい形相の父親にびっくりしたせいか、隣で泣きじゃくる娘を見て、これ以上はとても怒る気にはなれなかった。ただ、不幸中の幸いであったのは、入力してあった原稿をすべて1週間前に印刷してあったことだ。ともかく、実は、再度気を奮い立たせて、論文を再入力した。3週間でなんとか終わった。読み出しも書き出しもできない「8インチフロッピーディスク」はなぜか捨てられず、現在も書斎に眠っている。今では、妻、娘と笑って話せる懐かしい思い出だ。

学位を取得したことを一番喜んでくれたのは、明治生まれのふたりの祖母であった。「末は博士か、大臣か」と、子どもの将来に期待を込めた時代に生まれ育った祖母からすれば、茨城県の地方の農家の家系から「博士」が誕生したことがよほど嬉しかったらしい。

のちにもうひとつの事実がわかった。母方の祖父福田長一は、盛岡高等農林学校卒業後、学位を取得できる機会があったのにもかかわらず、農家の長男ということで家を継がなければならないことから断念した経緯があったのだ。そして、祖父はフィリピンで戦死し帰らぬ人となった。実が博士課程に進み学位を取得することを強く希望していた祖母の気持ちを、このときはじめて知った。

「米国国立衛生研究所では驚きの連続」

さて、イオン計測グループは、多額の資金を使って市場に投入しようとしていた大型分析装置の開発が失敗に終わり、窮地に陥っていた。入社して8年目のころであった。

「大変そうだな」「研究テーマを変えたら」と声をかけてくれる同じ部の先輩や同輩たちはいるものの、誰も実質的に助けてはくれないし、助けてくれようともしない。冷たい風が本当に身に染みた。

このようなとき、実は海外共同研究に出発した。実は34歳になっていた。

1年間の海外共同研究の機会を与えられた実は、いくつかの海外の研究室に手紙を送って受け入れの可能性を打診していた。1つ目はオランダフローニンゲン市にあるフローニンゲン大学、2つ目は米国メリーランド州のジョンズ・ホプキンス大学、そして3つ目が米国メリーランド州の国立衛生研究所であった。

候補先の希望はまさしくこの順番であった。特に、フローニンゲン大学の先生とは米国の質量分析学会で何度かお会いしており、紳士的で人間的にもすばらしい先生だったので、最優先の候補先であった。学会では、実のポスター発表のところに足を運んでくれて、いつも熱心に議論していただいた。加えて、フローニンゲン大学のことも紹介していただいた。大学キャンパスには、ヨーロッパ特有の荘厳な建物が点在しており、ますます行ってみたいという気持ちが強くなった。しかし、残念ながら、1986年にチェルノブイリ原発事故が起きてしまい、ヨーロッパ全体に放射能汚染の心配が出た。両親を含めて、家族からも強く反対され、泣く泣く候補地を変更することになった。

結局、米国国立衛生研究所（National Institutes of Health：ＮＩＨ）を選択した。ＮＩＨは、ア

メリカ合衆国保健福祉省公衆衛生局に属しており、１８８７年に設立された合衆国で最も古い医学研究の拠点機関である。本部はメリーランド州ベセスダにあって、多数の施設と所長事務局によって構成されており、当時、1万８０００人以上のスタッフのうち、６０００人以上が科学者（医師、生命科学研究者）という世界最先端の医療機関であった。

実はそのなかの国立子ども人間発達研究所（National Institute of Child Health and Human Development：ＮＩＣＨＤ）の客員研究員として勤務した。当時は、共同研究といっても1年間という短い期間しか許可されなかったので、実質的な研究成果を得るには時間的に難しく、最後は、将来の研究テーマ設定に備えて、いろいろな研究分野を勉強できる研究機関のほうがよいかもしれないと割り切った。

しかし、米国に1年間滞在するために必要なＪ１ビザを取得するのにとんでもなく時間がかかった。ＮＩＨに行ってからわかったことだが、世界中の医学研究者からの応募が同研究所に殺到しており、事務局には応募書類が山のように堆《うずたか》く積まれていたのだ。安易に考えていた実は、Ｊ１ビザを取得するのに半年以上もかかるとは予想もしていなかった。あと３ヶ月出発が遅れていたら、海外共同研究の権利を失効していたところだった。

しかし、なぜこのような米国最先端の研究機関に、単なる民間企業の研究員の受け入れが許可されたのか、今でも謎である。ＭＤ（Doctor of Medicine：医学部終了の学位）とＰｈＤ（Doctor of Philosophy：博士課程終了の学位）双方の学位を持つアカデミアの医師でも、なかなか許可が下りなかった。

実は、メリーランド州ロックビルのアパートから、車でベセスダのＮＩＨに通っていた。毎朝15分程度のドライブであったが、職員数が多いために、朝6時頃に行かないと研究室に近い駐車スペースを確保できなかった。少しでも到着が遅れると研究室に着くのに歩いて15分もかかるような場所に車を止めざるを得なかった。昼食で外に出ようものなら、駐車スペースはすぐに埋まってしまい、戻ってからスペースを30分以上も探し回ることもあった。日本では考えられない本当に巨大なキャンパスであった。

滞在期間中、ＮＩＨではいくつも驚くべきことに遭遇した。本当に世界は広く、大きい。そして研究における国際競争は大変厳しい。

第一に、ＮＩＨは世界中から優秀な医師、生命科学研究者が集まっている研究機関だということだ。

実が所属していた研究室だけでも、米国の大学だけでなく、ブエノスアイレス大学医学部、シドニー大学医学部など海外からの研究員を受け入れていた。一番驚いたのは、部門を統括しているディレクターがとても若く、実と数歳程度しか違わなかったことだ。ハーバード大学医学部出身で、ＭＤとＰｈＤの両方の学位を持ち、それまでの論文数がなんと４００報を超えているとのことだった。あまりにも畏れ多いので、滞在期間中、直接話をすることがほとんどできず、お名前も失念してしまった。米国には、こんなスーパーマンがごろごろしているのかと、改めて米国における、想像を超えた人材レベルの高さを痛感した。

第二に、科学における競争の激しさである。

当時、エイズウイルス（ＨＩＶ）を誰が最初に発見したかについて、米仏の研究者の間で国の威信をかけた凄まじい戦いがあった。米仏の研究者は１９８７年に政治和解したとのことであるが、１９８９年当時でもフランスから来ていた研究者が、自家用車の屋根に「ＨＩＶを発見したのはフランス人研究者だ」という看板をたてて、キャンパス中を運転していたことを思い出す。結局、２００８年のノーベル生理学・医学賞はフランス人研究者のモンタニエ氏らふたりに授与された。出された報告書をノーベル委員会が詳細にしかも正確に検討した結果といわれている。

科学分野で競争に勝つということは、きれいごとだけではなく、こういう凄まじい研究者間の戦いの側面もあるのだということを目の当たりにした。これも、ＮＩＨに行って勉強になったことのひとつかもしれない。しかし、日本はこのように国際政治が絡むと弱腰になることが多い。このようなメンタリティーで国際的な激しい科学的競争に勝てるのだろうか。はなはだ疑問だ。

第三に、ＮＩＨの肩書のすごさであった。

実は単なる客員研究員であったが、ＮＩＨの所属というだけで、米国、カナダのいろいろな研究施設に簡単に訪問することができた。また、分析機器の展示会に行けば、必ず展示ブースに引き込まれ、いろいろな情報を熱心に提供してもらえた。機器購入の決裁権はないといっても、担当者はまったく聞き入れてくれなかった。

数年前、台湾の国家衛生研究院（National Health Research Institutes：ＮＨＲＩ）を訪問した際も、実がＮＩＨで客員研究員だったと言うと、所長以下全員の顔色が変わった。やはり、ＮＩＨは偉大である。少し申しわけないとは思いつつ、今でもＮＩＨでの経歴を積極的に活用させていただいている。そのときの所員証も大事に保管している。

訪問した機関のなかで、一番印象に残っているのが、ボストンにあるマサチューセッツ工科大学（Massachusetts Institute of Technology：ＭＩＴ）のベンチャー企業だった。ある企業の紹介で突然訪問することになったが、キャンパス端にある白く塗られた2階建てのレンガ造りの建屋で、ＭＩＴ出身の若い研究員たちが新しい分離装置の開発に没頭していた。当日はボストン特有の雨模様で肌寒かったのだが、学位を持つ若手経営者の熱のこもった説明を聞いて寒さも吹き飛んだ。まだ30代だったと思う。あとでわかったが、そのベンチャーはその後大企業に買収され、新技術は製品化された。このようなダイナミズムが米国の競争力の源泉のひとつであることを、このとき身をもって知った。

のちに、実が起業した際、ＭＩＴの若い経営者の情熱を受け継ぐべく、なんとしてもＭＩＴという単語が入るように会社名をつけたかった。日本語では、「株式会社計測基盤技術研究所」と漢字が多くまわりの評判は今ひとつであるが、英語名は、「Fundamental Measurement Institute of Technology Corporation」で、略すとｆ-ＭＩＴ（エフミットと呼ぶ）となる。希望どおりに、ＭＩＴ（ミット）という言葉を入れることができ、まわりの評判とは別に、実はいたく気に入っている。

［エピソード４］ホワイトハウスのクリスマスツリー

１９８９年、家族といっしょに米国に到着したのがちょうど12月初めだった。アパートの賃貸契約、電話の設置、銀行口座の開設、メリーランド州の運転免許取得、車の購入、娘の幼稚園入園手続きなど、慣れない土地での生活の立ち上げはともかく大変であった。白髪が一気に増えたものの、12月下旬頃にはなんとか生活基盤を築くことができた。

１ヶ月もすると、車であちこちに買い物やドライブに出かけるようになった。ハイウェイは無料だし、ガソリン価格も当時日本の4分の1程度であった。そういった点では、米国という自動車社会を堪能できたといえよう。

生活立ち上げが一息ついたころ、研究室のスタッフに勧められて、家族でホワイトハウスのクリスマスツリーを見学に行った。当時は一般人の見学も可能だった。ただ、メリーランド州の自動車免許を取得したばかりで、いきなり高速道路を使ってワシントンDCまで行くことになり、50分間の運転はかなり冷や冷やものだった。特に、その年はひどい寒波で道路がいたるところ凍っていたのだ。購入したばかりの中古車で、妻と娘を同乗させていることもあり、これ以上は無理という慎重さで運転した。

当時のホワイトハウスは、現在と違って、エントランスホール前で簡単なチェックを受けるだけで入館することができた。米国大統領が執務をするホワイトハウスに外国人がこんなに簡単に入れるのかと、米国の懐の深さにつくづく感心したものだ。エントランスホールを抜けると、ブルールームと呼ばれる部屋がある。確かに、部屋の基調が青だった。そこに、目的の巨大なクリスマスツリーが飾ってあった。ガイドさんの説明によると、ツリーは18フィート（約5・4メートル）もあり、大統領夫人が飾りつけをするのが慣習で、その年はバーバラ・ブッシュさんが担当されたとのこと。お気に入りの児童書のキャラクターの人形がたくさん飾ってあったが、あまりの豪華さに家族全員がしばらくぽかんとしてしまった。いったい、飾りつけにどのくらい時間がかかったのだろうか。

その年は、いくつかの家族からクリスマスパーティに招待された。アルゼンチンから同じ研究室に来ていたE夫妻のところに飾られたクリスマスツリーも立派だった。夫妻はともに優秀なお医者さんだったが、カトリック教徒でもあり、やはり特別な日のようだ。もらったプレゼントはツリーの下に置いてお披露目するのが習慣らしく、実が日本からプレゼントで持っていった陶器製のワイングラスに加え、息子さんたちへのプレゼントだろうか、任天堂のゲーム機も置かれていた。子どもの嗜好は世界どこでもあまり変わらないらしい。パエリア、チキン、ケーキを食べるクリスマスを過ごしてきた実たち家族にとって、この年のクリスマスはかなり特別なものになった。それにしても、夜の12時頃に食べるアイスクリームのデザートは重かった。

ちなみに、米国に1年間滞在した際に、かなりおいしいと思ったものが3つあった。メリーランド州ベセスダのピザ、メリーランド州ロックビルのソフトシェルクラブ、そしてマサチューセッツ州ボストンのパスタだ。特に、パスタは絶品だった。それまでチェーン店のパスタしか口にしていなかったが、生地の絶妙な太さと硬さがペペロンチーノの味に見事にマッチしていて、味音痴の実もかなりの衝撃を受けた。その後ボストンに何度か行ったが、古い木造の二階建てのパスタ屋さんを見つけることができず、残念ながらまだ再会できずにいる。それにしても、実のなかでは、MITとペペロンチーノのパスタがいつもいっしょに思い出されるので、ボストンに行ってもう一度あのパスタ屋さんを探したいと考えている。

「企業研究者として覚醒する／主任研究員・研究ユニットリーダ時代」

35歳になった実は主任研究員となり、研究ユニットとして独立することをひとつの選択肢として考え始めた。自分で研究テーマを考え設定し、自らが研究をリードしたかったのだ。これまでの研究テーマが風前の灯火であり、研究ユニットとしては実質的にゼロからのスタートとなるかもしれないが、それで失敗するなら「自分の器」がそれだけのことと割り切ろうと考えていた。

当時の部長にも、そのように何度も申し上げた。

それからしばらくして、実は、新たに設立された研究ユニットリーダに任命され、研究者として独立することになった。

しかし、その体制が発表になってとても驚いた。研究ユニットは自分を入れてわずか3名、しかもほかの2名はほかの研究ユニットからきたメンバーである。両名とも実の研究テーマにはあまり興味がなかったようだ。通常の研究ユニットは最低でも10名程度、場合によっては20名にもなる。新しい研究ユニットは、まさしくよろめく足どりでスタートした。

研究ユニットの人数が、リーダーを入れてわずか3人というのは、研究所始まって以来のことだった。部内のほかの研究ユニットリーダからはいたく同情されたが、一方で、研究ユニットがつぶれるのは時間の問題だという噂話が何度も実の耳に入ってきた。3人で研究ユニットの飲み会をやっているとき、偶然居合わせた同輩に、この3人が研究ユニットの全員だと言ったら、いたく同情され、「すごく寂しい研究ユニットだな」とひとこと言われてしまった。実は苦笑いをするだけで、なにも答えることができなかった。

しかし、さすがは実、こんな仕打ちともいえる待遇にもまったくめげなかった。逆に、「発奮スイッチ」がいつにも増して強力に入った。バチン、バチンと音が聞こえるくらいだった。「あいつら、今に見てろ、絶対見返してやる」、通勤途中や実験室で何度も心のなかで叫び、時には休日出勤した実験室で大声を出して自分を鼓舞しながら、研究ユニットリーダ自ら、以前にも増して実験に没頭した。ただ、研究ユニットリーダに課せられるペーパーワークが予想以上にあり、自らの実験時間は大幅に削減せざるを得なかった。このようななかで、実は、研究ユニット人員を増やす方法を何としても見出す必要があった。

研究ユニットを拡大するには

ユニット員3人でスタートした研究ユニットであったが、いつまでもこの人数で運営するわけにはいかなかった。開発する内容にも限界がある。なんとしても事業部からの依頼研究収入を増やし、優秀な研究者を研究ユニットに加える必要性に迫られていた。

そこで、リーダーの実にはかなり負担のかかる方法であったが、背に腹は代えられず、次のような方法を取ることにした。実とわずかな人数の大学からの実習生で、装置を製作してはデータを積み上げていったのだ。

(1)思いついたアイデアについて、実験室にある機材を用いて評価装置を製作した。取得するデータはその手法の可能性をチェックするための一点に絞った。

その際、大学からの実習生などにサポートいただき、データを出してもらった。一人3ヶ月の短い実習期間ではあるものの、何年か実習を継続していただいたので非常に助かった。

（２）よいデータが取得でき、有望と思われるアイデアについては、簡単なマーケット調査を加えた事業化提案資料を作成した。最大、Ａ３資料１枚とした。
（３）作成したＡ３資料を持って、新たな依頼研究を獲得すべく、関連事業部の設計部長との交渉を重ねた。
当然ながら、うまくいかなかった案件のほうが多いものの、数年続けていると、これが意外に事業部からの依頼研究獲得につながった。

そこで、研究ユニットの増員となるが、しばらくの間は前述の方式を進め、有望と思われるミドルステージの研究テーマだけに、新しいメンバーをアサインした。結果が出るかどうかもわからないアーリーステージの研究では、その分、鋭い観察力と粘りが必要になるため、実が自ら実施した。


こういう「無茶なこと」を重ねながら、実は3年くらいかけて、研究ユニットを３人から８人に増やしていった。この時期は、研究ユニットリーダとしてのペーパーワークも加わったため、昼食は、自席で書類を作成しながら、簡単にサンドイッチなどで済ませていた。共通のキャビネットもあまりスペースがないため、実の机には堆く書類が積まれていった。かつてのＮＩＨの事務局と同じ状態になってしまった。

実の新たな欠点が発覚した。当時の部長からは、所内の安全巡視のたびに、「君は、書類の整理が苦手のようだね。もっと何とかならないのかね」と指摘を受けていた。基本的に直らなかった。

三銃士の加入による基盤技術底上げ

実は、自分ひとりの努力だけでは、この「絶体絶命の状況」を乗り切れないと考えていた。どんなに努力したところで一日の時間が延びることはないし、世界のトップ企業は、主力製品の開発に対して日本企業の一桁以上多い投資をしているのが現実だ。数人程度の研究開発人員と、わずかな研究開発費用だけでは、所詮勝てるわけがない。

そこで、実はうまくいくかどうかわからないが、次のような作戦を立てた。ともかく、まず規模は小さくてもよいので、利益の出る製品を短期間で生み出すことが最優先課題と考えた。

（1）時代の流れを捉えて、必要とされる「単機能計測装置」を研究開発する。決して、販売には高い営業力を必要とする「汎用計測装置」の研究開発には手を出さない。

（2）学会等で発言力のあるキーオピニオンリーダー（Key Opinion Leader: ＫＯＬ）と共同で研究開発を行い、ＫＯＬといっしょに、社内事業部へ製品化の提案を行う。

（3）特許出願は当然であるが、プレス発表を通して、成果を積極的にアピールし、国家プロジェクトなど研究所以外からの研究資金を積極的に獲得する。
（4）増やした研究資金で、新しい有能な人材を獲得して戦力にする。
（5）獲得した人材は、技術の勉強だけでなく、装置の試作を繰り返しながら育成し、新たな技術をどんどん導入する。
以上の切羽詰まった作戦は、密かに「MI作戦」と呼び、部長にも部下たちにもほとんど説明せず内々に進めた。ちなみに、MIは、スパイ映画にちなんだ、Mission : Impossible の略だ。

さて、「MI作戦」は、当然のことながら最初からうまくいくはずはない。特に、（1）は、汎用計測装置志向の事業部と話をしても、結論が出ないことは明らかであった。必ず、ターゲット市場が小さいということになってしまうからだ。しかし、大きな市場はトップ企業がほうっておくわけがない。まずは、ニッチ市場を攻めて、高いシェアを取り確実に利益の出る事業を立ち上げることが先決、というのがこのMI作戦のポイントだった。
当時、ダイオキシンをはじめとする有害物質による環境汚染が世界的に大きな問題になっていた。そこで、廃棄物処理施設に排ガスモニターを設置し、その測定結果をフィードバックして燃焼を制御するという考え方が出始めた。技術的ハードルが相当高いので、業界トップ企業はこの分野には参入していない、いや、あまりにもリスクが高すぎて参入しないだろうと、実はこの研究テーマを最初のターゲットにした。

また、製品化にあたっては、ＫＯＬといっしょに製品化の交渉を事業部に対して行った。研究所と事業部のメンバーだけで話しても、なかなか結論が出ないことを実は嫌というほど経験してきた。ＫＯＬから装置を導入したいということになれば、ＫＯＬが有力なユーザーであればあるほど、事業部はノーと言えないはずだと考えたわけだ。

一方で、研究ユニットリーダの実の大きな仕事は、廃棄物処理施設向け排ガスモニターを開発するための数億円レベルの大型研究資金の獲得であり、それは社内資金だけでは、とうてい無理であった。そのためには研究ユニットの露出度を上げる必要があると考え、成果が出たときには積極的にプレス発表を行った。結果的に、予算規模5億円の大型の国家プロジェクトを数件獲得することができ、このＭＩ作戦は奏功した。

さらに、実の研究ユニットは人材難で悩まされていた。もともと数名のわずかな人数で研究開発を進めていた。もっと飛躍するためには、新たな専門家を増やす必要があった。しかし、事業部と交渉して研究資金を増やしても、部長からは、部内の専門家でない研究者を吸収するように指示される。

「こんなことばかりに時間を取られていても仕方がない。自分でリクルートしよう」

実はこう考え、それから積極的に、社内研究所、外部研究機関、大学などで人材を探し回った。

最初にこれはと考えた人材は、結局、当時の部長判断で別の研究ユニットに移された。これに懲りた実は、出身大学でよい人材を見つけたとき、自分の研究ユニットに入れるよう早めに社内調整を行った。加えて、社内研究所で物理に詳しい優秀な人材を見出し、ふたりを新たにメンバーに加えてさらに人材を強化した。

実の研究ユニットは、装置全般に対して高い技術力があるわけではなかった。研究者の数が少なかったこともあり、分析装置のなかでイオン化技術の研究開発に特化してきたためだ。この状態では技術的に生き残れないと考えた実は、新しく研究ユニットに採用した3人を中心に、イオン化技術に加えて、イオン軌道計算、高周波電界型分析法、イオン検出器と技術の全体的な底上げを図った。この「三銃士」には、もともと高い物理の素養があるので、試作を繰り返し行ってもらいながら、実践的な技術力をつけてもらった。これがのちのち大きな戦力となった。研究ユニットの人数は12人になった。

隙間時間を徹底活用してリーダー自ら実験

実は研究ユニットリーダになったあとも、少し変わった形で自ら研究開発を継続していた。リーダーになるとペーパーワークがどうしても増えてしまう。そこで、思いついたのが隙間時間の徹底的な活用だった。

特に積極的に行ったことは、これまでの実験で見出した理解できない現象を再度空き時間を利用して検討してみることだ。これが予想した以上に新しい研究ネタの宝庫になった。もちろん、研究論文や特許の調査もときどき行ってはいたが、単なる技術調査だけではあまり良い研究ネタは生まれなかった。どうしても論文の内容に研究が強く引っ張られてしまうからだ。

若いときから朝から晩まで実験を繰り返していた。基本的に、入社以来、定期的に研究結果を出さないといけない依頼研究を担当していたこともあり、あまり寄り道をしている時間はなかった。それでも、必ず実験上の疑問点は実験ノートに記録しておくという習慣を身につけた。対象とする現象によっては数千万円する装置を新たに開発しなければ結果は出ないだろうと予想される場合もあるが、一方で、それまでに製作した機械部品や電気部品を用いて、簡単な装置を組み上げることで実験ができる場合もそれなりにある。研究資金があまりない場合は、こういう工夫を行って、次の依頼研究のネタを作っていた。これがときどき思わぬ結果をもたらす場合があった。

実は、隙間時間の活用のなかで、幸運に出会った際に実験室で発する言葉を3段階に分けていた。「よし」タイプ、「何だ、これは」タイプ、「あっ」タイプの3種類であった。

最初の「よし」タイプは、その現象が意味することを理論的に解析してそれから予想されるデータが取れたときで、このようなケースはそれなりにあった。しかし、この場合はドーパミンの放出量は少である。

次の「なんだ、これは」タイプは、理論的に解析した予想と異なる結果が得られた場合で、この段階であれば少なくとも論文にすることができた。ドーパミンの放出量は中程度だったと思う。最後の「あっ」タイプはまったく予想と異なる結果が得られ、それが難問の解決策になることが一瞬でわかった場合である。このときは、ドーパミンの放出量も最大となり、興奮のあまりしばらく動けない。夜も眠れなくなる。このような経験はこれまで3度しかなかったが、そのうちのひとつの発見をベースにした製品は、のちに高い利益率のビジネスを生み出し、結果として多数の社外表彰を受けることができた。そして、ありがたいことに、現在もこのビジネスは続いている。この発見に至るまで20年以上かかったが、実の精神的な支えになっていた。

実験に没頭するなかで、「よし」「なんだ、これは」「あっ」という経験を重ねていった実は、誰に気兼ねすることなく、時代のニーズに即した研究テーマを立ち上げては製品化するということを繰り返して、時間はかかったが担当事業部からの大きな信頼を獲得した。

「米国企業との競争に勝つ」

30年経ってもどうしても捨てられない手紙がある。米国人の友人だったOさんからの手書きの手紙だ。最初にお会いしたのは実がまだ30代前半の頃だった。ポーランド系アメリカ人で米国マサチューセッツ工科大学、カリフォルニア州立大学ロサンゼルス校の博士課程を卒業し、当時は米国グループ会社の主席研究員だった。

Oさんとは年齢が少し離れていたが、なぜかとても気があった。米国に出張した際にはコネチカット州のオフィスに何度か立ち寄った。ケイタリングのお店を経営していたイタリア系アメリカ人の奥さんにもお会いしたが、Oさんが言っていたとおり「イタリア人」のように陽気な人だった。逆にOさんが日本に来たときには、実が在籍していた研究所に必ず寄ってくれ、最近の研究状況についてよく議論をした。そのあとはお決まりの日本料理屋に行って何時間も話をした。

Oさんに特にお世話になったのは、「次世代分析装置」の開発を、グループ会社が提携していた米国企業が行うか、それとも日本で行うかを決定する会議に、実が日本側の代表として技術プレゼンを行うことになったときだ。

場所はシリコンバレーのマウンテンビューで、英語での真剣勝負の場となった。これに敗れると日本側の事業部・研究所のメンバーは必要なくなるという責任重大な会議だった。日本側は研究所メンバーがプレゼンして負ければ仕方がないと考えていたようで、実はかなりのプレッシャーを感じていたが、ここは十分な準備をするしかないと開き直り、Oさんにもアドバイスを求めた。そのときのアドバイスはとても簡単なものだった。しかし、相手側の状況を踏まえた的確なアドバイスだった。

（1）最初に日本側からプレゼンし機先を制すること（相手側は米国で開発を行うことでほぼ決定していると考えているはず）。

（2）最近研究所で進めてきた研究成果を強くアピールすること（先方は何もまだ着手していないはず）。

（3）議論中答えに窮したらOさんにふること。

の3点だった。

このアドバイスは見事にはまった。会議冒頭で先方がどちらのプレゼンから始めるかというので、すぐに実は立ち上がって日本側からスタートすると言い、既にここまで開発を進めていると最近の研究成果をアピールしたところ、相手の顔が見る見るうちに紅潮していくのがわかった。いかにも「しまった」という感じだった。ビジネスの世界、本当に油断大敵だ。途中わからない点がひとつあり、Oさんにふって答えてもらったが、会議は大方の予想に反して、「日本側の勝利」

に終わった。Oさんからは、会議終了後「Perfect!」と言われたが、気がつくと体中汗びっしょりだった。

この開発は製品化までいったものの、次世代分析装置としてはあまり成功しなかった。しかし、この製品は、のちの環境モニタリングシステムやフィジカルセキュリティーシステムの基盤技術となり、多くの賞を受賞するとともに、利益が出る製品を生み出すきっかけとなった。

Oさんの手紙には、「日本の研究所に行くのが楽しみだった、いつも新しい研究成果を見せてくれた」とあった。研究者にとっては最高の誉め言葉だ。先のアドバイスもこうした日頃の会話があったからこそ、自信を持ってプレゼンしろということだったのかもしれない。しばらくたってOさんは会社をやめて、転職したと聞いた。

その後に起こったいろいろなことを直接報告したいが、なかなかその機会が訪れない。

「意図せざる偶然」による奇跡がおきた

管《すが》正男《まさお》研究員　あっ、坂入さん、作業着が焦げていますよ！

約２００℃に加熱された配管に、自分の作業着を接触させてしまった実は、管研究員の声で、あわてて腕を引っ込めた。が、時すでに遅し、真新しい作業着に大きな穴が開いてしまった。あたりには化学繊維の焼け焦げた臭いが充満していた。その臭いに気がつかないほど、実は相当焦っていた。

「こんなはずはない。いったい何が起こったんだ……」

実は、放電が不安定になった原因を探ろうとして、イオン源を分解したとき愕然とした。配管に排ガスを通して5分も経たないうちに、ステンレス製のコロナ放電用針電極が茶色に変色して、放電が不安定になっていたのだ。「放電が不安定になったのはこのせいか。排ガスを通して5分も経っていないのに……」

開発プロジェクトの研究所リーダーだった実と管研究員は、廃棄物処理施設と排ガスモニターの接続実験のため、茨城県にある施設に夕方の6時頃に着いた。現地では、事業部の阪本将三《さかもとまさみ》主任技師と橋本宏明技師が、排ガスモニタープロト機を廃棄物処理施設に接続して待機していた。

雨が降る肌寒い11月だった。夜の8時頃から実験を開始することになっていた。理論上は問題なく動作するはずだと、実験炉で予備実験を済ませていたこともあり、実は自信たっぷりだった。しかし、排ガスモニターに排ガスを導入して5分も経たないうちに、大きなトラブルに見舞われてしまったのだ。放電が不安定になっていることを示すメーターの針が左右に激しく振れていた。

実　管君、念のため、ほかにもトラブルがないかどうか確認しよう……。
管研究員　わたしは、まず排ガスが通過した配管とフィルター部分をチェックしてみます。
実　頼む……。

予想もしないトラブルで大きく動揺していた実の言葉は、とても弱々しいものであった。当日、すぐに結果が出ると思っていた阪本主任技師と橋本技師は、実と管研究員が突然設置したばかりの排ガスモニターを分解し始めたので青ざめた。

阪本主任技師　いったい、なにをやっているんだ！　今、装置を組み立てたばかりなんだぞ。
実　排ガスを装置に導入したら、イオン源にトラブルが起きました。ほかにもトラブルがないかどうか確認します。すぐに研究所に戻って対策案を至急考えます。少し時間をください。
阪本主任技師　いったい、どんなトラブルなんだ！　深刻なのか。
実　コロナ放電用針電極が腐食して、放電が不安定になったようです。ほかにはトラブルがなさそうですし、それほど深刻ではないと思います。

事業部の人間は常に収益を厳しく問われているので、言葉がきつい。それがいつにも増して激しい口調になっていた。加えて、現状の問題点が十分に把握できていないのにもかかわらず、実はその場をなんとかおさめようとして、適当に答えてしまったのだ。しかし、実際は非常に深刻な状況であった。放電が安定しなければ測定はまったくできないことは明白だったのだ。寒い時期にもかかわらず、実の額の汗の量は増えていった。加熱された配管の熱さだけが原因ではなかった。

橋本技師　本当に具体的な対策案はあるんですか。こちらとしては、もうかなりの開発資金を投入しています。失敗は許されない状況になっています。事業部長からも毎日のように厳しくフォローされています。

実　わかっています。いくつかアイデアがあるので、試作してそれを持ってきます。１週間だけでけっこうです。１週間だけ時間をください。

次の日早朝の常磐線特急上りの車中では、本当に精神的に地獄に落とされたような心境だった。どう対応するか集中して考えているせいか、まわりの人の会話がまったく聞こえず、まわりの景色がまったく目に入らなかった。指の爪を噛む回数もかなり増えてきた。実が精神的に焦っているときに出てくる悪い癖だ。

最初は技術的な対策案を考えるどころか、開発失敗の責任をどう取るかばかり考えていた。あのときの状況を踏まえ、阪本主任技師や橋本技師にああは言ってみたものの、１週間で対策案ができるなどまったくあてはなかった。

急に、排ガスモニター開発を提案した頃のことが思い出された。「今回は技術的ハードルが高すぎる。悪いことは言わん、やめとけ」と忠告してくれた先輩たちの顔が目に浮かんだ。

1990年代後半はダイオキシン類問題が大きくクローズアップされ、メディアが盛んに産業廃棄物処理業者を非難していた時代だった。

一方、変圧器に長らく使われてきたポリ塩化ビフェニル（PCB）の処理施設を政府が全国に設置するにあたって近隣の住民をどう説得するかが、とても大きな政治的課題になっていた。解決策として、排ガスモニターを設置して24時間稼働させ、トラブルがあった場合にはすぐにPCB処理施設を止めるということで、最終的に近隣住民を説得することになった。

しかし、PCBモニターのような排ガスモニターの研究テーマ化については、所内外で反対する意見が圧倒的であった。そもそも、廃棄物処理施設の排ガスのように、高濃度の妨害成分（炭化水素、塩酸、硝酸など）が含まれる排ガスを、精密機器である質量分析計に導入して安定して測定ができるのか、という心配であった。また、妨害成分が大量にあるなかで、10億分の1（ppb）レベルという低濃度の有害物質を検出できるかどうかという課題も指摘された。

このような状況から、研究所幹部、事業所幹部、先輩からは、「坂入君、トライしたい気持ちはわかるが、今回はやめとけ。あまりにも技術的に難しすぎる！」「排ガスモニターが故障して、有害物質が漏れたら大きな社会問題になる。君ひとりの問題ではなくなるぞ。考え直したほうがいい！」「技術的な見通しはあるのか、開発費をたくさん使ってやっぱりできませんでしたじゃ、坂入君の責任だけではすまんぞ！」と、開発反対の声が続出した。

しかし、実の答えはいつも強気で簡単だった。「排ガスモニターを必要としている人がたくさんいるんですよ。この明確なニーズがある以上、チャレンジするのが研究所の人間じゃないですか！」恰好をつけすぎだった。

実は、それまでに、排ガス中の目的成分を、大気圧イオン化による選択的イオン化法でイオン化し、それでもイオン化された妨害成分は質量分析計内部でのヘリウムガスとの衝突により分解する、という2段階による精密分析法（大気圧イオン化法―イオントラップ質量分析法）を開発しており、しかも簡単な実験炉を用いて予備評価に成功していた。これらの結果で、反対する勢力をなんとか説得していた。

しかし、PCB処理施設向けPCBモニターの開発では、実たちの研究ユニットは世界的な開発競争に追い込まれた。米国環境保護局、ドイツ航空宇宙研究所、九州大学、慶應義塾大学など、世界の錚々《そうそう》たる研究機関が10機関以上参戦し、激烈な世界開発競争が展開されたのだ。しかも、実たちが提唱している「大気圧イオン化法―イオントラップ質量分析法」に対して、ほかの研究機関はすべてが「レーザー多光子イオン化法―飛行時間差型質量分析法」であった。これは、レーザーによる多光子吸収を使ってＰＣＢ分子を選択的にイオン化し、飛行時間差質量分析法で検出するというものである。高感度な計測結果が新聞や論文で発表され、世界中の目がこの方法に集中したのだ。

まず、環境プロジェクトを全社レベルで統括していた事業部の幹部にこの状況を説明するのが大変だった。当時、この事業部は社内で最も力のある事業部のひとつであった。

事業部幹部　なぜうちだけ別方式なんだ。その方式を選択した根拠は何だ！

実　ポイントは、排ガスをモニターに導入して、連続して測定できるかどうかです。もう少しで実験炉を用いた予備評価が終わるので、そこまでお待ちください。

事業部幹部　いや、待てない。担当者は、すぐにＫ大学に行って、状況を確認してこい！

事業部の幹部の問いに対して、競合相手の詳しい情報が十分得られていなかったこともあり、なかなかクリアな回答をできなかった。幹部は、業を煮やして、大学に行って研究協力を仰ぐ始末であった。実の研究チームは厳しい状況に追い込まれていた。

特急に乗って１時間くらい経ち、ようやく実の気持ちに多少余裕が出てきた。「ネガティブなことばかり考えていても仕方ない。リーダーとしてはやめろと言われても、開発を続けるしかないんだ！」と自分に何度も言い聞かせた実は、「まず、研究所の実験室に戻ろう。そこで、試作してある予備評価装置を使って、いくつかアイデアをすぐに試してみよう」と考え直した。ようやく、いつもの「発奮スイッチ」が入った。ただ、いつもに比べるとかなり弱々しかった。

そして、研究所に戻るなり、実は実験室に飛び込んだ。まず過去の実験ノートを開いた。常磐線特急から中央線に乗り換えたとき、１年ほど前に、汚染に強いイオン源の予備評価を３種類ほど行っており、その結果を実験ノートに記載していたことを思い出したのだ。実際の排ガスのほうが、炭化水素、塩酸、硝酸などの妨害成分濃度が高くなることを想定した予備評価であった。それにしても、自分の研究ノートを開くと妙に心が落ち着く。

３種類のうち最初に選択したアイデアが、なぜか「二段階大気圧イオン化方式」だった。これは、１次イオンを生成させる場所と、１次イオンとのイオン分子反応で試料分子をイオン化する場所を分割するという考え方で、社内では半導体ガスの分析に使用されていた方法であった。「もしかすると、このイオン化方式が使えるかもしれない」

すぐに、二段階大気圧イオン化方式の評価に入れたのは、合間をみて行っていた予備評価用のイオン源をすでに試作してあったからだった。対策する時間があまりないなかで、日頃の実の研究姿勢が大いに役立った。トラブルが見つかってから2日目のことである。

二段階大気圧イオン源を組み込んだ評価装置を急いで立ち上げて、条件最適化に入った。そのために、二段階大気圧イオン源を分解しては、組み立てるという作業を何度も繰り返した。トラブル発生後、3日目の朝になっていた。自宅に帰る時間はなく徹夜での作業となった。

しかし、実験を重ねるなかで、二段階大気圧イオン源でも今回のトラブルに対応するのは難しいことがわかった。次第に、一時的に高揚していた気持ちが落ち込んでいった。それでも、データを取ってきちんと評価をしてから、次のアイデアに移ろうと考えた。


そんなときであった。イオン源の分解と組み立てを繰り返しながら、最適条件の探索を行う一連の実験のなかで、「奇妙な現象」に遭遇した。マススペクトルパターンがこれまで見慣れたものとはわずかに違うのだ。「いったい、なにが起こっているんだ……」

イオン源を分解して詳しくこの原因を究明していたところ、1箇所だけ「配管の接続ミス」があることにようやく気がついた。「そんなことがあるはずがない。このイオン源は自分で設計したものだ、構造は熟知しているはずだ！」

じつは、接続ミスで、試料ガスが1次イオンを生成するコロナ放電領域に逆流していることがわかった。すなわち、通常の「二段階大気圧イオン源」の試料ガスが流れる方向とはまったく逆になっていたのだ。自分で設計し、イオン源の分解と組み立てを数百回と繰り返してきたイオン源なので、配管の接続ミスなど起こりようもないと思い込んでいたが、徹夜で疲れていたこともあるだろう、気持ちが焦っていたこともあるだろう、はじめて配管の接続を間違えたのだ。
しかし、この一度の「配管の接続ミス」で状況が激変した。まさに天の恵みとなった。そして、実はこのわずかなマススペクトルの変化を見逃さなかった。
改めて条件を最適化してみると、目的とする試料分子のイオン強度は数倍にも増加した。これが再現するかどうか、イオン源の分解と組み立てを繰り返しながら、10回ほど再現性チェックを行った。きれいにデータは再現された。

すぐに研究ユニットのメンバーを集めて、この奇妙な現象について議論を行った。トラブル発生後4日目の朝を迎えた。

実　今回、こんな二段階大気圧イオン源を試作してみた。ただ、奇妙な現象に出会った。試料ガスが1次イオンを生成するコロナ放電領域に逆流すると、目的のイオン分子の強度が増加するんだ。この現象をどう解釈したらいいだろうか。知恵を貸してほしい。

メンバー全員にしばらく沈黙の時間が流れた。そして、日頃からよくイオン化現象について考察している橋本雄一郎研究員が口火を切った。

橋本研究員　坂入さん、こんな仮説はどうでしょうか。試料ガスの逆流によって、コロナ放電領域における反応中間体の一酸化窒素濃度が下がり、結果として酸素イオンと反応して生成する硝酸イオンの濃度が大幅に減ったためと考えられないでしょうか。この考え方であれば、得られているマススペクトルの変化が十分に説明できると思います。

実　なるほど、そう考えると今回のマススペクトルの変化が理解できるな。

じつは、排ガスモニターの実験のなかで、コロナ放電用針電極があっという間に腐食して困っているんだ。もし、これが放電により大量に発生する硝酸によるものと考えると、逆流方式を使うことで、コロナ放電用針電極の腐食は軽減できるかもしれない。さすが橋本君だ。

実は、体中の血液が沸騰してくるように感じた。もしかすると、対策案の答えに近づいたかもしれないと思ったからだ。すぐに行動に移した。

実　管君、この「逆流型大気圧イオン源」の条件出しを手伝ってくれないか。目的のイオンが最大となる条件だ。条件がわかったところで、逆流大気圧イオン源だけを持って、再度、廃棄物処理施設にいっしょに行ってくれないか。

管研究員　わかりました。すぐに準備に入ります。

イオン源のトラブルがわかってから、わずか4日で、新しい逆流型大気圧イオン源を完成させることができた。実の日頃の研究姿勢と実験結果に対する観察力、橋本研究員の高い解析能力、そして管研究員の丁寧な実験能力が、うまく融合した結果であった。条件最適化後、この逆流型大気圧イオン源を持って、実と管研究員は常磐線に飛び乗った。5日目の朝を迎えていた。

当日午後、廃棄物処理施設に到着して、早速、排ガスモニターに開発したばかりの逆流型大気圧イオン源を設置して、実排ガス中での電極の状態を評価することにした。これまでのイオン源とほぼ同じ構造をしていたので、電源系や制御系の修正は必要なかった。これも非常に幸運なことであった。

自分の心臓の鼓動が聞こえるのではないかと思えるほど、実は緊張しまくっていた。これでだめだったらどうしようか、いや絶対に大丈夫だという気持ちが複雑に交錯した。そして、ついにそのときがやってきた。

管研究員　坂入さん、今度は放電が安定し、イオンが測定できています！

管研究員のいつも以上に甲高い声に、実は我に返った。1時間ほど連続運転をした。その際、学生時代の有機実験のときのように、放電の電流値をモニターしながら、新型イオン源の様子をじっと見ていた。時間が過ぎるのがとても遅く感じた。爪を噛む回数も増えた。「よし、管君、ここでイオン源を分解して、電極の様子を見てみよう」

冷静さを取り戻した実は、今度は作業着が加熱された配管に触れないように注意しながら、新型イオン源を分解した。「坂入さん、放電電極の腐食が起こっていません！　放電電極はきれいなままです！　実験は大成功です！」

管研究員に促されて、新型イオン源の内部をおそるおそる覗き込むと、コロナ放電用針電極の腐食がまったく起こっておらず、ステンレスの輝きが残ったままであった。これまで誰も開発できなかった「逆流型大気圧イオン化法」が誕生した瞬間であった。


「やった！」という言葉は出なかった。代わりに「乗り切った……」と力なくつぶやいてその場にへたり込んだ。なんともいえない安堵感に支配されたのだ。当時いっしょに開発をしていた部下たちや事業部の担当者たちも同じ気持ちだったに違いない。排ガスモニターの評価実験に協力してくれていた阪本主任技師と橋本技師からは「あと2週間で開発に目途がたたなかったら、プロジェクトは即刻中止だと事業部長から厳命されていました。ぎりぎり間に合いましたよ、坂入さん……」

ということが明かされた。


一方、レーザー多光子イオン化方式を採用した研究機関は、実験室レベルの感度が実排ガス中での測定ではまったく再現できず、加えて、大出力レーザーを24時間３６５日室外で安定に稼働させることもできず、世界中のすべてのプロジェクトが中止となった。結局、「逆流型大気圧イオン化法―イオントラップ質量分析法」によるＰＣＢモニターシステムは、世界で唯一実用化に成功したシステムとなった。そして、全国のＰＣＢ処理施設にこのＰＣＢモニターが設置され、ＰＣＢ処理施設が稼働し始めた。ＰＣＢ処理は現在も続いている。

これらの実験の過程で、逆流型大気圧イオン化方式のメリットがもうひとつ確認できた。従来の大気圧イオン源では、試料ガスをサンプリングする際、吸引ポンプを通してイオン源に強制的に導入する必要があり、この吸引ポンプにおける試料ガスの吸着が別な技術的課題となっていた。しかし、逆流型にすることで、試料ガスは加熱された配管を通して、直接イオン源に導入できるようになり、吸引ポンプにおける吸着の問題がまったくなくなった。しかも、吸引ポンプがシステム筐体《きょうたい》内部に置けるようになり、装置として非常に使いやすくなった。

この特性のおかげで、「逆流型大気圧イオン化法―イオントラップ質量分析法」による計測システムは、ＰＣＢ処理施設におけるＰＣＢモニターへの展開だけに終わらなかった。公共機関における爆発物探知システム、税関などにおける不正薬物探知システム、中国遺棄化学兵器処理事業向け化学剤モニタリングシステムへと横展開され、一部は海外にも輸出されることになったのだ。このフィジカルセキュリティー分野は、これまで技術的に欧米企業にほとんど牛耳られており、日本企業が進出するのは無謀だと、関係省庁から再三指摘されたなかでの挑戦であった。また、実の部長就任に伴い、これらの研究テーマでは、実と長らく研究してきた、高田安章主任研究員、橋本雄一郎主任研究員らの若手研究者が中心となっていた。

特に、不正薬物探知システムでは、税関を管轄する省庁からのご依頼で、本庁会議室で講演を行った。局長から直接お褒めの言葉をいただいた。企業に勤める人間にとって、こんなことはめったにない。それまで、税関では、イオン移動度方式と呼ばれる米国製品を使っていたが、誤報が多いことから、現場の検査官からは強いクレームが出されていたようだ。一方で、新たに開発した不正薬物探知システムは誤報がほとんどなく、アラームが出た際には、検査官が自信を持って、荷物の梱包を解くことができるようになったとのことであった。しばらくして、全国のすべての税関に、不正薬物探知システムが導入されたという報告が入った。米国製品を凌駕したという証拠である。実を含め、開発に従事したエンジニアたちの感慨もひとしおであった。

のちに、公益社団法人発明協会の推薦を受けて、「平成29年度全国発明表彰発明賞」を受賞することとなった。これで入社当時追いつきたかった先輩方に多少近づけたのではないかと内心とても嬉しかった。この全国発明表彰は自分で応募して初めてわかったが、一次、二次の書類審査に加えて、面接審査と、準備に半年以上かかったが、それだけに受賞したときの喜びも大きかっ

開発に成功した排ガスモニター試作機。土俵際まで追い詰められた状況での、逆流型大気圧イオン源の発明による大逆転劇であった。（提供：株式会社日立ハイテクソリューションズ水戸事業所にて、株式会社日立製作所が撮影。）

た。

受賞者には、当然のことながら、実、橋本研究員、管研究員らが入った。表彰式には、事業部代表として、橋本宏明部長が駆けつけてくれた。当時の技師から部長に昇格していた。

「意図せざる偶然」を手にするとは／セレンディピティ

冷静に考えてみると、「逆流型大気圧イオン化法」という正解に95パーセント近づいていながら、あの「配管の接続ミス」という意図しない偶然がなかったら、排ガスモニターは完全に失敗に終わっていた。実は開発失敗の全責任を取って、閑職に異動させられていただろう。この事実をどう説明したらよいのだろうか。当時必死に奮闘していた実に、「幸運の女神」が微笑んだということなのか、まだ答えが見つからない。

ただ、実は、クリスチャン・ブッシュが書いた『Serendipity 点をつなぐ力』を読んだ結果、今回の件は、次のように整理できるのではないかと考えている。

実は、日頃から実験で疑問に思ったことは空いた時間に再実験して確かめるようにしていた。汚染に強いイオン源についても時期は異なるものの、アイデアが浮かんだときにその都度検証を行い、結果、都合3種類のアイデアのストックができていた。このひとつが二段階大気圧イオン化法であった。ただ、この段階では将来何に使用できるのか、まったく見当がついていなかった。

一方、排ガスモニターの開発に着手してはじめて、短時間でのコロナ放電電極先端の腐食という予想もしない問題に遭遇した。この腐食という問題「点」に出くわすことによって、それまで関りのなかった二段階大気圧イオン化法という別の「点」を結びつけることになった。

しかも、配管の接続ミスというまったく意図せざる偶然が重なり、逆流型大気圧イオン化法が突如として誕生し、コロナ放電電極先端の腐食という問題を一気に解決してしまったのだ。これには、接続ミスによって生じたわずかなマススペクトルの変化に気づくことが必要であったが、同じようなマススペクトルを何万回と観察することによって、わずかに変化した場合には大きな違和感を覚えるほど、実の観察力が鋭くなっていたことが幸いした。

また、この逆流型大気圧イオン化法では、質量分析屋にとって常識はずれのことをしている。「イオンが発生する領域」から「小さな穴」を通して生成したイオンを真空中の質量分析部に取り込むのだが、取り込むイオン量を最大にするために、両者間の距離をできるだけ短くするのがそれまでの技術的常識であった。ところが、このイオン源では、逆にその距離を通常の3倍にしている。イオンの取り込み効率は下がったものの、それ以上にイオンの生成効率が大幅に上昇していたのだ。この常識外れの設計も必要であったことが、このイオン化法が誕生するのに長い時間を必要とした理由のひとつであろう。

さて、この「逆流型大気圧イオン化法」に関しては、もう2つ記載しておくべきことがある。まず、特許である。このイオン化法については、非常に簡単な構造ながら抜群の効果を発揮したので、当然、国内のみならず国外にも出願した。加えて分割出願をして権利の強化を図った。しかし、審査官からは拒絶査定があった。第三者から新たな公知例（先行技術）に関する情報提供があったようだ。最終的に、本件をサポートしてくれていた知的財産権本部の川上雅子技師（弁理士）と、特許庁審判官との面談を行ったが、「この発明を利用した製品が出ているにもかかわらず、この発明を取り消すとはなにごとですか、産業の振興という特許法の基本精神を皆さんは理解しているのですか！」

実は、勢い余って特許庁審判官を前に大変失礼なことを言ってしまった。ただ、この「大変失礼な発言」が功を奏したのか、最終的に特許は成立した。

また、英国の政府系公的機関が同様の特許を、実の出願から2週間後に出願していたことがわかった。明細書を抜けのないように丁寧に記載することと、先願主義のもと出願までの時間との戦いのトレードオフのなかで、かろうじて実は自分の発明した技術の権利を守ることができた。世界競争は本当に恐ろしい。

一方、ビジネス面では、もう一歩というところで大魚を逃すことになった。性能は良くても政治問題が絡んでくるとてもやっかいだ。ビジネス、特に海外ビジネスはなかなか厳しいことを痛切に味わった。当時は、研究所の人間ではあったが、ビジネスの最前線に立ち、自ら開発したシステムを売り込んでみたかったというのが本音だ。しかし、まだ勝負はついたわけではない。懲りない実は、のちに新たな国家プロジェクトを受託し、新たな装置の開発を行い、新たな事業部と連携して製品化した。実は、我ながら執念深いものだと、自分の性格に少し呆れている。

相棒の「万年筆と実験ノート」。実験ノートには、必ず万年筆で記入してきた。文房具で一番お気に入りのペアだ。（提供：株式会社日立製作所）

［エピソード5］俺の相棒

筆記具についてはこだわりが強く、これまで、シャープペンシル、ゲルタイプのペン、外国製のボールペンなどいろいろなものを使ってきた。しかし、しっくりこなくなると次の筆記具に移ってしまう。これが数ヶ月ごとに起こるので、部屋のなかは筆記具だらけだ。ただ、万年筆だけはずっと使っている。特に、ここ7年間はパイロットの「ノック式万年筆」を愛用している。

万年筆との出会いは高校1年生

のときだった。入学祝に叔父からいただいた。それなりの作家になったようで、万年筆で書くことは好きだったが、いかんせん当時は、カートリッジタイプではなくインクの吸い込みタイプだったので外に持ち運びが出来ず、自宅で使うしかなかった。

そして、社会人になってから30年以上、「万年筆と実験ノートのペア」には大変お世話になっている。研究者である実の人生にとって大変重要なアイテムだ。学位論文、最初の製品化、海外共同研究、トラブル続きの製品化プロジェクト、50人以上のメンバーで構成された大型国家プロジェクトなど、実のそばにはいつも万年筆と実験ノートがあり、実を何度も励まし助けてくれた。

ときどき、何冊にもなった実験ノートをめくりながら過去を振り返ることがある。記載されている文字には、成果が出たときの喜びや失敗したときの悲しみなどがたくさん詰まっている。まさしく「俺の相棒」だ。

古都プラハでの出来事

会社員時代は、国際学会で発表する機会がそれなりにあった。そのなかでも記憶に残っているのは、１９９５年頃、プラハで開催された「爆発物探知」に関する国際会議である。ある行政機関の研究所からのお誘いだったが、乗り換えを含めプラハまでの飛行時間がかなり長く、あまり気乗りがしない学会参加だった。当時、フランクフルトからプラハまではプロペラ機で、実が搭乗した飛行機は座席近くの窓にひびがあり、あまり快適な旅とはいえなかった。加えて、プラハに到着したものの飛行機の貨物室扉が開かないトラブルがあり、実たちの荷物をのせてフランクフルトまで修理に戻ってしまったのだ。プラハのホテルになんとかたどり着いたときには、時計はとっくに午前零時を過ぎていた。

発表当日は、実の方法論の欠点について欧州の先生方からだいぶ厳しいご指摘を受けた。発表後、かっかとした頭を冷やすべく町に出てコーヒーでも飲もうかと考えたが、しばらくすると、プラハの町の美しさに圧倒されて、結果的に旧市街地を何時間も歩きまわることになった。国際学会に行っても観光などあまりしない実としてはとても珍しいことだった。

第一次・第二次世界大戦の被害にあまりあわなかったことで、ロマネスク建築から近代建築まで各時代の建築様式が並んでおり、ヨーロッパの歴史の奥深さを肌で感じることができた。あたりが暗くなると、カレル橋越しに見えるプラハ城がライトアップされてとても幻想的な光景となった。

極めつけは、あちこちから聞こえてくる室内楽によるクラシック音楽である。つられて近くの教会に入り、しばらく聴き入っていた。70年代の青春ポップスが好きで、クラシック音楽など普段は聴かない実だったが、異国の地で室内楽によるクラシック音楽を静かに聴いていると、本当に心が穏やかになり精神的にとても豊かな時間を過ごすことができた。海外土産はいつもチョコがお決まりだったが、今回は思い出に残る品をと、帰りが飛行機による移動であることも考えずに、チェコの花瓶とコーヒーカップセットを購入した。現在、花瓶は実の家に、コーヒーカップは娘夫婦の家にあり20年経った今も現役だ。

帰国後、それまで隙間時間を利用して少しずつ進めていたフィジカルセキュリティーの研究をなぜか本格化した。市場規模とか技術ベンチマーキングとかの市場調査をきちんと行った結果ではなく、結果的に素晴らしい海外出張となったプラハの思い出がそうさせたとしかいいようがない。

そして、それから数年後に起きた２００１年米国同時多発テロにより、日本国内でもフィジカルセキュリティーの重要性が急に強調されるようになり、実の研究グループもその大きな渦に巻き込まれていくことになった。

「ほんものの研究者との出会い」

凡庸な研究者でも研究を長くしていると、素晴らしい先生方にお会いすることができる。大学卒業研究におけるノーベル化学賞の白川英樹先生に始まり、最近では、在籍していた企業でご講演を依頼したノーベル物理学賞の小柴昌俊先生、日本化学会で同じ年度にフェローに認定されたノーベル化学賞の吉野彰先生など、国内の著名な先生方にお会いして、直接お話しできたことは、実の人生における貴重な財産になっているといえよう。

そんななかで、実が一番影響を受けたのは、元米国ヒューストン大学教授であり、Ｖｅｓｔｅｃｈという会社を興して成功した「Ｍａｒｖｉｎ　Ｖｅｓｔａｌ先生」であることは間違いない。Ｖｅｓｔａｌ先生は、実と同じ質量分析法がご専門であった。白い口髭をたくわえた小柄でとても温厚な紳士で、先生が来日されたとき、実が海外共同研究で米国滞在時にＮＩＨでお会いしたことを覚えていてくださり、いたく感激した。

実は、アカデミアの先生のように毎日多くの関連する論文を読むことはあまりしなかった。どちらかというと、勉強になる、あるいは参考になる論文を何度も繰り返し読むというタイプだった。そのなかで、Ｖｅｓｔａｌ先生が、１９８３年に発表された「Thermospray Interface for Liquid Chromatography/Mass Spectrometry」というイオン化法に関する論文は50回以上読んだ。これは溶液中に存在する物質を効率的にイオンとして取り出すという方法で、液体クロマトグラフ質量分析計のインターフェイスとして応用された。この方法を用いた装置を販売し、Ｖｅｓｔａｌ先生は経営者としても大きな成功を収めたことはとても有名な話だ。実がＮＩＨに在籍しているときにも、Ｖｅｓｔｅｃの装置を用いて実験したことがある。

論文では、化学系雑誌にありがちないろいろな応用例を示すだけでなく、そのイオン化過程に関する理論的な考察と詳細な装置構成が記載されており、同種の技術を研究開発していた実のような企業研究者にとって大変勉強になった。正直、何度読んでも飽きなかった。じつは、実の博士論文も、Ｖｅｓｔａｌ先生の考察を大いに参考にさせていただいた。主要な成果には、作動する圧力を大気圧下に変えたことから「Atmospheric Pressure Thermospray」と命名し、同じジャーナルに発表した。

Ｖｅｓｔａｌ先生は大学を退職後も企業のコンサルタントになったり、自分で再度会社を立ち上げたりと、実より20歳以上も年上であるにもかかわらず、その研究開発意欲は衰えることを知らない。Ｖｅｓｔａｌ先生に比べると実もまだ67歳という若造なので、このくらいは真似をしたいと考えている。しかし、残念ながら、２０２２年にお亡くなりになられた。

一方、ノーベル物理学賞受賞者の小柴昌俊先生が２０２０年11月12日の夜にお亡くなりになられた。94歳だった。じつは、２００３年、以前勤めていた企業の博士号取得者の会である「日立返仁会」京浜地区総会の講演に小柴先生をお招きした際に、返仁会の役員として先生をお迎えする役を仰せつかった。その結果、東京都心から国分寺までの1時間30分ほど、公用車のなかでじっくりとお話をさせていただく機会を得た。

緊張のあまり、はじめはしどろもどろだったが、時間がたつにつれて、先生の気さくなお人柄もあり、研究から教育まで幅広い分野のお話をさせていただいた。車中で、両手で握りしめた杖で体を支えながら背筋をぴんと伸ばされて、まっすぐ前を見ながらお話をされるのがとても印象的だった。

このなかで一番記憶に残っているのは「研究者ならば、今はだめでもいつかは実現してやるという研究の卵を3つか4つ考え続けよ」というお言葉だった。このお言葉は小柴先生のお気に入りで、いろいろなところでお話しされていたようだ。当時、実は企業の研究所に勤務していたが、そのときの研究テーマだけに飽き足らず、そののちも新しい研究テーマをいくつか立ち上げたのも、このお言葉が頭のなかに残っていたからである。これは、先生の別のお言葉である「考え続けて準備した者にしか幸運は訪れない」と同じことを意味するのかもしれない。

そして、お会いしたこともお話ししたこともないが、その生き方で大きな影響を受けたのは、2度のノーベル化学賞に輝いた、ケンブリッジ大学の「Ｆｒｅｄｅｒｉｃｋ Ｓａｎｇｅｒ先生」だろう。Ｓａｎｇｅｒ先生の回顧録「SEQUENCES, SEQUENCES, AND SEQUENCES」にいたく感激し、実はこんな研究者人生を歩みたいものだと常日頃考えていた。

Ｓａｎｇｅｒ先生は、アミノ酸シーケンス、ＤＮＡシーケンスの業績で2度のノーベル化学賞に輝き、ＲＮＡシーケンスで3度目もあるのではないかといわれた20世紀最大の生化学者である。驚くべきことに、Ｓａｎｇｅｒ先生は、大学院生を含めたわずかな人数で偉大な業績を成し遂げた。実はこのことを知ったとき、人がいない、お金がないといつも不平ばかり言っていたことをとても恥じる気持ちになった。

生体高分子の配列解析にかけた世界の大先生の人生と比較するのは、はなはだおこがましいが、実の人生も、計測研究、計測研究につぐ計測研究だった。まさしく、「MEASUREMENTS, MEASUREMENTS, AND MEASUREMENTS」だ。こういうタイトルで表現できる研究者人生をほぼ歩んでこられたこと、また歩んでいることに、実はちょっとした誇りを感じている。

「多くの研究者は恐怖心にさいなまれる」

実は長らく企業の研究所に在籍しており、たくさんの研究者たちを見てきた。自ら研究テーマを提案して研究をスタートする研究者はほんの一握りだ。なぜ少ないかという理由について、実なりに考えていたのは、「新しい研究テーマが認可されるには大変な労力を必要とし、加えて研究成果が出ないかもしれないという恐怖が伴うから」ということだった。実もよく理解できるが、これまで進めてきた研究を深掘りしていく限り、成果がゼロにはならない。従って、どうしても現状の研究テーマに縛られがちだ。特に関係する製品の販売が好調な場合はなおさらだ。

この「研究者の恐怖」から抜けだすには、いくつか方法があるように思う。

最初の方法は、組織的に出世して研究職から離れ管理職になることだ。こうなれば、自分では研究せずに、部下の研究テーマをいろいろと指導する立場になるので、この恐怖感からは逃げだすことができる。一方で、実も管理職についたことがあるのでわかるが、すべてわかっているような顔をしてあれこれ意見するのも大変な側面はある。加えて、部下が結果を出さないと、管理職として責任はとらされるかもしれない。

2番目の方法は、既に発表されている方法を踏襲してその改良を行う研究テーマを構築することだ。これであれば、少なくとも途中までは安心して進むことができる。ただ、企業の場合、論文や学会発表を主体としているときは別だが、最終的に製品化を目指す場合には、特許の問題が発生する可能性がある。特許侵害で警告を受けると、裁判所で結果が出るまで何年もかかる場合がある。特許侵害で攻める場合は比較的やりやすいが、守る場合はとんでもなく大変になる。実も、守りの特許係争に巻き込まれたことがあり、その対策のために、3年間、毎週金曜日の夜に、事業部の担当者と文献調査に明け暮れたことがある。膨大な英文資料を一字一句読んで、対抗できそうな文章を見つける作業は、正直とてもつらかった。

3番目の方法は、先輩、同僚の仕事を眺めて結果が出そうなグループに近づくことである。こういった研究者は研究のきっかけがつかめると、深掘りする能力は持っている場合が多いので、論文や学会発表をできるようなレベルにはなれる。しかし、この手の研究者は、ある段階で自分が最初にやったと思いこみ始める場合がある。わざとなのか、無意識なのかわからないが、こういう研究者からは距離をおくことが得策だ。

そして、最後の方法は、自分で新しい現象を見つけそれをベースに研究テーマを構築することだ。この場合は、新しい現象を見つけたという興奮が恐怖感に打ち克ち、どうしてもその研究テーマを推進したいという強い欲求にかられる場合が多い。このようなとき脳は快感を感知し、脳の報酬系回路が刺激され、脳内麻薬が分泌される。脳内麻薬で重要な役割を果たすのが「ドーパミン」だ。脳の側坐核と前頭前野の二領域を刺激し、側坐核が刺激されると高揚感が高まり、それが前頭前野で記憶される。一度記憶されると、またあの快感を得たいという衝動が強くなる。

こうなってしまえばこちらの勝ちだ。そのあとに待ち構えているであろういくつもの難関のことなどあまり意に介さなくなる。一時期、多分野で事業創造をするシリアルアントレプレナーという言葉が流行ったが、そういう人の脳はまさにこういう状態だろう。研究者としては、このパターンに持ち込めると幸せだ。心理学的にいうと、「自己統制的自己効力感」が高いレベルまで育まれたということだろう。

「リーダーの素質とは」

実が、過去いくつか担当した国家プロジェクトの研究代表者の仕事はかなり大変だった。

研究代表者は、決められた予算と期間のなかで目標とする成果を出すことが求められ、5年間で5億円を超すようなプロジェクト規模になると、そのプロジェクト管理は非常に煩雑になる。

新人時代。実験につぐ実験の日々であった。自分の頭で考え、自ら装置を組み立て、自ら測定して解析し、自ら結果を出した。（提供：株式会社日立製作所）

まず、5年間の実施計画を立てその承認をいただいて国と契約を結ぶ。認可されると毎年の予算が決定されるので、それが不正なく着実に実行されるように経理的に気を配りながら、どういう技術開発で目標を達成するかという開発面でもプロジェクト全体をリードする必要がある。途中で国の監査を受け、識者の評価を受けることも重要な仕事だ。近年は、その評価結果が公開されるようになった。

そして、一番大変なのが、目標達成に向けて関係者全員を束ねていくことだ。国家プロジェクトになると自社の社員だけがメンバーではない。たとえば、5億円を超える国家プロジェクトになると、関係者が自社で15人、他社で15人に加えて、大学・省庁関係者が10人、実証試験の関係者が10人と、50人規模の関係者をリードしていく必要がある。そのためには、定期的な情報の共有、連絡会議の設置などの実務面での工夫も重要であるが、実は、日頃から関係者のご意見をお聞きしつつ、研究代表者としての考えを整理して自ら外部に積極的に情報発信していくことがポイントであると考えていた。

大方のプロジェクトでは、当初は受託して喜びにわいているものの、時間が経過するにつれ、本当に目標達成は大丈夫かと心配になってくる関係者が増えてくる。プロジェクトがうまくいっていないことがわかると、どんどん人の気持ちが離れていく。しかし、リーダーは逃げようがない。

このために、実はプレス発表を積極的に活用した。動作する試作品ができた段階、それを用いて実証試験を実施した段階、海外の重要なお客様にご見学いただいた段階などいくつかの実施ポイントがあるが、必ずプレス発表を行った。

加えて、メディアに大きく取り上げていただくストーリーを関係者と議論しながら綿密にプレゼン内容を練り上げ、研究代表者自ら積極的に発表するようにした。質問も、実が基本的にひとりで答えるようにした。

幸い、過去に実施したプレス発表は、時機を得たテーマばかりだったので、ほとんどうまくいった。そのなかで、プロジェクトが現在どこまで進んでいて、将来どういう方向に進めようとしているのかについて、リーダーとして明確にメッセージを発信することは、一般の方に国家プロジェクトの成果を知っていただく以上に、プロジェクトメンバーに対する強いメッセージとなった。プレス発表後は、関係者の士気が大いに高まったことを覚えている。実がこの手法を学んだのは、環境計測、フィジカルセキュリティーの国家プロジェクトを、研究代表者として推進しているときであった。

それにしても、不思議なものだ。小さい頃からひとりで遊ぶことが好きだった実は、自分にはリーダーになる素質があるとは思っていなかった。そういえば、長い距離を移動する渡り鳥はV字編隊になって飛行するが、そのとき先頭に立つ渡り鳥は飛翔能力が高い鳥が先頭に立つという。もともとリーダーシップがある鳥が先頭に立つというより、たまたま先頭になったのだ。そして、リーダーになった経験がその鳥の能力をさらに向上させ、よりリーダーらしくなっていくらしい。

リーダーになる経験を積み重ねてこそ、真のリーダーに成りえることを渡り鳥の例は教えてくれているのかもしれない。

「最新の情報を得るには」

研究者にとって技術の勉強は継続して行う必要がある。実の世代は時代とともに勉強の仕方も大きく変わってきた。

学生時代を含め20代の頃は、実験をして理解できないことに遭遇するとまずは図書館や専門書店に行って、理解の糸口を見つけようとした。渋谷の大盛堂書店や新宿の紀伊國屋書店は専門書が充実していることから特にお気に入りの書店で、土曜日の午後はよく出かけていた。ただ、専門書をよく読んですべてを理解することはとても無理で、浅い理解にとどまることが多くあった。

30代の頃は研究室のリーダーになったこともあり、技術的にいろいろなことを理解する必要が生じた。しかし、すべてを十分に勉強する時間がないため技術のポイントだけを自分で確認し、自分の専門分野以外はほとんど耳学問になった。勤務している企業には、電気、電子、機械、情報、化学といろいろな専門家がいたため、耳学問の相手にはこと欠かなかった。

さらに、40代の頃になると、インターネットが普及し、自分の机に居ながらにしてさまざまな知識を獲得できるようになった。最近では、YouTubeでいろいろな講義が配信されており、それを見ながら勉強する機会も増えた。ソフトウェアの勉強などは大変役に立つ。また、海外の有名な学者の講義を見ることもでき、物理学のファインマン先生の講義がとてもユーモアにあふれて理解しやすいことに最近気づいた。半世紀も前に大学教養学部時代に読んだファインマン先生の物理学の教科書は数式が少なくユニークな本だったが、当時のカリフォルニア工科大学の学生がとても羨ましく思えた。

加えて、2022年11月に、自然言語処理の技術を用いた優れたAIアシスタントであるChatGPTが登場した。これは、チャットで質問するだけで、書く、分類する、要約する、翻訳する、並べ替える、校正するといったような様々なことが可能になる。最初の回答が不十分と思った場合には、「もっと詳しく」などと質問を続ければよい。これを可能にしているのが、インターネット上から収集した言語データをもとにプレトレーニングを行う大規模言語モデルというAIモデルであるが、非常に自然な対話が可能になっている。現在は、第4次AIブームに入ったという識者もおり、世の中はどこまで進歩するのだろうか。末恐ろしい気がしてくる。

しかし、一方で、最新AIを用いて、これまで膨大な時間を使っていた社内向け資料作成時間が大幅に削減されることは大いに歓迎すべきことだ。人間は、どんどん新しい挑戦を行って「意図せざる偶然」に出会うことに集中すればよいのだ。これはAIがどんなに進歩してもできないことだろう。

ところで最近のデジタル技術の進歩は目覚ましいものがあり、幼い頃からその恩恵を受けている孫たちの世代が今後どう育っていくのか、非常に気になるところだ。

最近、アンデシュ・ハンセンという方が書かれた『スマホ脳』という本を読んでみた。この方は、スウェーデンの精神科医で、人間の脳はデジタル社会に適合するようにできていないと指摘している。多くの人がスマホを手放さず、ベッドに入ってからも操作を続けており、先進諸国のほとんどで睡眠障害の治療を受ける若者がこの10年で爆発的に増えているようだ。また、スティーブ・ジョブズ氏やビル・ゲイツ氏が自分の子どもにはスマホの使用を制限していたとあり、これには大変驚いた。依存性はヘロインにも匹敵するようで、両氏は早い段階からこの危険性を認識していたのだろうか。

「企業人としての喜び」

多くの関係者の努力による賜物ではあるが、自分が開発した製品や関与した製品が実際に稼働して、世の中に貢献しているという満足感は、企業人としてなにものにも代えがたいものになっている。

新聞やテレビで自分が開発した「無骨な製品」をときどき見かける。すぐにあの製品だと気づき、開発時のリーダーとしての苦しい思いとそれをなんとか乗り切ったという達成感が複雑に交錯する。これを「企業人の幸福感」というのではないだろうか。どちらかが欠けてもこの幸福感は感じられないはずである。

以前に、日立製作所の川村隆元会長が日本経済新聞「私の履歴書　川村隆⑭　姫６」（日本経済新聞朝刊　２０１５年５月15日）に、自分が若いときに設計した発電機がまだ現役で稼働しているのを見て感激している様子を書かれていた。まさしく企業人の幸福感を感じている場面ではなかったかと、実は考えている。

もうひとつ加えておきたい話がある。これまでいろいろな分析装置を開発しては製品化し、世の中に送り出してきた。関係するものを全部あわせると、1000台近くなるであろうか。利益が出た製品、そうでない製品、製造中止に追い込まれた製品などいろいろとあったが、企業研究者として「自分のアイデアから生まれた研究成果を社会実装する」という一念でやってきた。その過程は大変であったものの、この考え方に間違いはなかったと思っている。

そして、管理職をはずれ技術専門職に戻っていた実は、会社を退職する7年程前から、新しい研究テーマに挑戦し始めた。普通の企業研究者であれば、このような時期に新テーマに着手することはまったくあり得ない話であった。高位専門職として「高い立場からコメントをする」だけでよかったのだ。しかし、どうしても「希少性・難治性がんの診断法」について、可能な限り研究を進めたいという欲求に抗うことができなかった。無理をして研究テーマを立ち上げ、わずかな資金とわずかな人数で研究を開始した。

加えて、関係する事業部の協力を得て、名古屋大学大学院医学系研究科に、産学協同研究講座を設置した。小児外科の内田広夫教授のご指導のもと、檜顕成先生に特任教授、天野日出先生に特任講師をお願いして、実は客員教授に就任した。この診断法に関する研究はデータの積み上げがまだ途中段階であるが、レベルの高い雑誌に投稿できるようなおもしろい研究成果も出始めた。今後の大きな展開が楽しみだ。

このようななかで、いっしょに苦労しながら製品化してきた事業部の仲間には、いろいろと研究資金のお願いをしていた。定年近くになっても、新しい研究テーマに挑戦する実には、あきれていたかもしれない。いや、大変迷惑だったろう。研究所のまわりの多くの人間もそう考えていたと思う。

しかし、製品開発で苦楽をともにした事業部の仲間たちは実に対して、少し違った考えを持っていた。

実　じつは、最近、「尿中代謝物を用いたがん診断法」に関する研究を開始したんだ。これからデータをたくさん集めるには多額の研究資金が必要だ。国家プロジェクトなどの提案も行っているものの、研究初期なので思うように資金が集まらない。少し、資金の提供を検討してもらえないか。

事業部の仲間（奥本豊治さん）　坂入さん、また新しいことを始めたんですか。もう、それなりの立場にいらっしゃるのですから、ゆっくりとされればいいではないですか。

実　いやー、ご存じのとおり、そのゆっくりができない性分なんだ。どのくらいこの研究が継続できるのかわからないが、やれるところまで進めてみたい。少し、予備的なデータは取れ始めていて、ある程度可能性があることはチェックしてある。

事業部の仲間（奥本豊治さん） そうですか、私の一存だけでは決められませんが、少し内部で検討してみます。少し、お時間をいただけますか。

実 申しわけないが、よろしく頼むよ。

事業部の仲間（奥本豊治さん） それにしても、坂入さんは昔から変わりませんね。いつも事業部に対して新しい提案をしてきました。

実 そのせいで、だいぶ迷惑をかけてきたかもしれないね。

事業部の仲間（奥本豊治さん） いえいえ、事業部は、坂入さんからの提案はすべて認可してきましたよ。それは、提案内容が素晴らしいとかだけではなくて、昔から、工場の幹部は坂入さんという人間を信頼してきたんです。

実 私に対する信頼だって？

事業部の仲間（奥本豊治さん） これまで、坂入さんは、手掛けた研究はすべて製品化してきました。製品の立ち上げ時には必ず工場に自ら長期派遣になって、認定試験が終わるまで工場の連中といっしょに汗を流してくれました。このことは、誰も忘れていませんよ。

事業部には迷惑ばかりかけていたと思っていたが、いっしょに製品開発を行ってきた事業部の仲間たちが実に対してそういう評価をしてくれていたことに、胸が熱くなった。やはり、日頃どう生きているかについては、まわりの多くの人間がじっと見ているのだ。そしてこれも、まさしく企業人としての大いなる喜びなのだ。

ちなみに、この尿中代謝物によるがん診断の研究は、社内表彰ではあるが、2018年、社長ブランド表彰審査員特別賞と研究開発グループ技術賞をダブル受賞することになった。研究仲間たち10人との共同受賞であった。このときの筆頭受賞者の実の年齢は63歳と、筆頭受賞者の最高齢記録を更新したようだ。これはこれで、忘れられない思い出となった。

［エピソード6］仕事の活力

学生の頃からけっこう映画好きだが、いろいろ見るというより、決まった映画を何度も見るというタイプだ。『ウェスト・サイド・ストーリー』（1961年）、『サウンド・オブ・ミュージック』（1965年）に加えて、『ローマの休日』（1953年）、『めぐり逢い』（1957年）、最近では『ラ・ラ・ランド』（2017年）が特にお気に入りだ。

後の3つの映画に特徴的なことは、どうしても男の主人公たちの哀愁漂う姿を見ていると泣けてきてしまうところだ。『ローマの休日』では、アン王女との謁見が終わり、新聞記者ジョーが会見場を去る場面があるが、最初はゆっくりと歩いていたジョーが最後は足早になって映画は終わる。アン王女への未練をなんとか断ち切ってふだんの生活に戻ろうとしている男の心情が痛いほどわかる。『ラ・ラ・ランド』は、ラストがとてもよかった。別々の人生を歩んでいたセブとミアが偶然セブのジャズのお店で再会し、セブはふたりの思い出の曲『Mia & Sebastian's Theme』をピアノで弾き始めた。その間それまでの生活が走馬灯のように映しだされたが、曲が終わってふたりは見つめ合い、それぞれの生活に戻っていった。ミアの存在に気づいたセブが何も言わず、ふたりだけの思い出の曲を淡々と弾いていたときの男の心情を思うと、これも泣けてくる。

泣けてくるどころか、涙が止まらなくなってしまうのが『めぐり逢い』だ。アメリカ映画で奥さんたちが『めぐり逢い』は何度見ても泣いてしまうと話しているところを旦那さんたちが冷ややかに見ている場面があったが、恥ずかしながら、男の実も涙が止まらなくなる。

10年も前に、ワシントンDCに出張した帰りの飛行機のなかで、偶然『めぐり逢い』の映画を見ることができた。徹夜して3回も見てしまった。ストーリーが十分にわかっているにもかかわらず、画家のニッキーが車いす生活となったテリーの居場所をつきとめ、祖母が作ってくれたショールを届けにきてそれですべて終わりにしようとしていたときに、ニッキーが描いたテリーの絵が奥の部屋に飾られていることを見つけて、ニッキーがすべてを理解した場面では、何度見ても涙が出てしまう。これも男の心情が大きく揺れ動く様子が、自分のことのように感じられたせいではないかと思う。

こういう泣けてくる映画を見たあとはなぜか気持ちがすっきりする。それがこれらの映画が好きな理由なのかもしれない。涙を流すと交感神経から副交感神経に切り替わり、その際に幸せホルモンと呼ばれるセロトニンを分泌する神経が活性化されるといわれている。主任研究員や研究ユニットリーダになると、いろいろとつらいことや頭にくることもだいぶ多くなった。好きな映画を見ながらではあるが、こういうときは思い切って泣いてしまうことにしていた。泣いたあとは、すごくすっきりしてまた仕事をする意欲が湧いてくることが多かった。

それにしても、人間の体は本当によくできている。機能を熟知してうまく活用しない手はない。

第4章
自分の特徴にあわない生き方に気づく
――自分の進むべき方向を熟考し、行動をおこす――

M君との対話（意志力）

おじいちゃん　さて、最後に、M君にはもうひとつ話しておきたいことがあるんだ。

M君　まだ、あるの。もう、たくさん話を聞いてきたよ。理解できていないところもたくさんあるけれどね。

おじいちゃん　そうなんだけれど、これから話すこともとても重要なことだよ。

自分でやりたいことをやっている間は特に問題ないんだけれど、自分があまり気の進まない仕事をするときには、どうするかという問題なんだ。

おじいちゃんは、多少研究成果を上げたことで、突然部長職に任命されたんだ。2年後には本部長職にも任命された。正直、技術専門職でずっと生きていこうと考えていたから、嬉しいというよりもだいぶとまどってしまったというのが正直なところだ。まあ、家族はとても喜んでくれたけれどね。

もちろん、会社には部長のような管理職に生きがいを見出している人もたくさんいたけれど、おじいちゃんはまったくそうではなかった。特に、研究所の管理職というのは、実際の顧客ではなく、関係する事業部の幹部と議論することが多く、あまり自分の力を発揮できそうにはみえなかったんだ。

研究計画を立案して事業部に提案し、依頼研究資金を獲得することが主な仕事だったけれど、事業部は売り上げの何パーセントを依頼研究に回すかについて、額をほぼ固定していたから、なかなか大きな変化につなげられなかった。絶対額はまったく違うけれど、政府の国家予算と同じで、依頼研究ではわずか数パーセントの変化しかつけられなかった。

あとの大きな仕事は人事だね。一番大変なのは、割り当てられた部の予算より依頼研究の収入が減ると、部の人員の数を調整しなくてはいけない。これもなかなか大変な仕事だった。特に、関係する事業部門がつぶれたりすると、調整しないといけない人数も大幅に増えて、ほとんどこれに忙殺されることになる。

それに、事業所間の研究テーマ調整があるため、部下たちが情報をどんどんインプットしにくる。彼らは彼らなりに、自分の研究テーマ確保が最重要課題であったと思うけれど、その結果、秘書が１日のスケジュールをこのような部下からの報告で埋めてしまうことがよくあった。秘書は、手帳に何も記載されていない時間は、部長は暇に違いないと思うらしい。しかし、これでは自分の頭で考える時間がほとんどなくなる。担当する研究部の収入が基本的に少ないこともあって、本来であれば、どうやって研究部の収入を大きくして発展させるか、部内の研究ユニットリーダたちと深く議論をすることにもっと時間を割くべきであったろうね。

ただ、日々のたくさんの仕事に流されていると、懸命に働いているような気になってしまったのも事実かな。人の慣れというものはとてもこわいね。

M君　おじいちゃんは、結局どうしたの。ストレスが溜まって、爆発寸前になってしまったという感じだね。

おじいちゃん　正直、部長職を放り出すわけにもいかないから、部下や秘書から上がってくるルーチンワーク以外に、自らの意志による仕事をどんどん加えていったんだ。これは、企業研究者として長らく生きてきた自分の価値観（自分がどうありたいかということ）、言いかえると「意志力」に基づくものだったといえるかもしれないね。

たとえば、

（1）これまで関係してこなかった事業部にたいする新規依頼研究の提案

（2）これまで事業部に遠慮して提案してこなかった新研究テーマの発掘

（3）不必要と思われる業務の削減

などかな。いつものルーチンワークと比較しながら重要と思われる仕事を優先させていった。でも、正直、これらの3点を優先することが多かったかな、意図的にね。あまり部長の部屋にいなくてどこにいるかわからないと、しょっちゅう秘書からはクレームがついたけどね。

これでもストレスはどんどん溜まっていったけれど、自分で考えた施策を実践することで、精神状態は少しましになったかもしれないね。

そうだ、本当につらくなったときは、ともかく思いっきり涙を流した。おじいちゃんは、いくつか「自分が泣ける映画」を知っているので、それを見ながら思い切り涙を流してしまうんだ。それで意外に、すっきりすることも多かったかな。

M君　聞いていると、部長職って大変そうだね。

おじいちゃん　うーん、またまた、M君に誤解を与えてしまったかもしれないね。さっき話した「生存バイアス」という言葉を覚えているかい？　単に、おじいちゃんのような特殊な例だけを聞いて、それを一般化してはいけないという話だったね。

これまで話してきたことは、単におじいちゃんの場合をいっているだけなんだよ。企業には、もっと高いレベルまで出世して、会社の経営に関与する人たちがたくさん必要なんだ。こういう経営者層の人は、部長や本部長の仕事をひとつの関門として捉えているんだ。

M君　そうなんだ。でも、おじいちゃんは、そんななかで、部長や本部長としてどんなことをしたのか教えてよ。

おじいちゃん　これまでの話と違って、あまりおもしろいエピソードがないけど、ここはM君の頼みだ。少しだけ話をしてみようか。

「管理職の苦悩／部長・本部長時代」

ＰＣＢモニター、フィジカルセキュリティー、分析装置の製品化や関連する社外表彰などで多少目立った成果を上げた実は、はからずも医療機器を担当する研究部の部長になった。その2年後には、画像診断、体外診断、医療情報を統括する研究センターの本部長にもなった。部下の数が３００人を超えたこともある。家族や両親はとても喜んでくれたが、ずっと技術専門職として会社生活を全うしたかった実にとってはあまり気乗りのしない昇格であった。しかも、当時40代前半で研究者として一番脂がのっているときだったので、研究者としての貴重な時間が少なくなってしまうことに強い危機感を抱いた。これでもう研究することはないのだろうかと考え、とても寂しい気持ちになったことを覚えている。

研究資金を獲得することは研究所を運営するために重要なことであったろう。しかし、ほぼ予算が固定化されてしまっている状況では、売り上げが大きく変わらない限り、実質、半年ごとに事業部幹部に挨拶して、依頼研究の継続をお願いするだけであった。とても、しっかりと仕事をした気持ちになれなかった。

また、昼、夜と顧客との会食が多いことにも閉口した。最初は、ご馳走が食べられると単純に喜んでいた時期もあったが、回数がどんどん多くなってくると、もともと太りやすい体質であったこともあり、健康診断の結果も急速に悪化していった。それ以降、もったいない話ではあるが、会食での食事はだいぶ残すようになった。ただ、元の数値にもどすには何年もかかった。

このようななかで、実自身は、管理職の仕事は自分の性格と体質にまったくあわない仕事であることを痛感していった。秘書に毎日のスケジュールを埋め尽くされた日々に、実はどんどん精神的に疲弊し、体調を崩していった。小学校時代の合唱クラブで感じた「経験したことのない気だるさ」がまた襲ってきてしまったのだ。

管理職としての新たな挑戦

「こんな毎日を送っていても仕方がない」ことを認識した実は、それなら部長としてなにか新しいことに挑戦してやろうと考えた。当時の医療機器を担当する研究部は、主に画像診断系の研究を担当していた。しかし、それを担当するグループ会社の業績はよいとはいえず、依頼研究も開発予算もなかなか増えない。そこで、実は担当業務を拡大して、業績のよい事業部と連携できないかと考えた。

最初の研究テーマとして着目したのが、当時、部内で細々と続けていた「指静脈による生体認証技術」であった。これは指内部の静脈パターンが個人ごとに異なることを利用する生体認証技術である。部内で技術的蓄積のあった光計測技術を基盤としていたので、研究部の特徴を活かして「生体×情報」（生体計測技術と情報技術の融合分野）という新しい事業分野を切り拓ける可能性があると考えた。研究部を、「画像診断」と「生体×情報」の二枚看板で運営しようと考えたわけだ。この研究の立ち上げをこころよく思わなかった連中もいたが、M主任研究員（当時）をはじめとした情報研究を担当する研究部に多大な協力をいただき、研究は大きく発展した。

そして、まったく面識のなかった金融系グループ会社の部長に面会し、依頼研究のお願いをおそるおそるしてみた。最終的に同社の部長はいたくおもしろい技術だということで、ほかの研究所の依頼研究を削減してまで依頼研究を出していただけることになった。結果として、研究所に大きなインパクトを与えることになった。医療機器を担当する研究部が、金融系グループ会社から依頼研究を獲得したからである。当時「いったい、あの研究部になにが起こったんだ？」という問い合わせが多くあった。

そして、個人ごとに指静脈パターンが本当に異なるかを確かめるために、研究所の700名近くの所員の協力を得て、各個人の指静脈の撮影を行った。当然、実施前には倫理審査委員会の承認を得たが、結果は大成功であった。しばらくの間、それまであまり目立たない研究部が研究所の大きな話題のひとつとなった。そして、この技術は、情報研究を担当する研究部中心に、製品としていろいろな分野に展開されていき、研究所の大きな成果のひとつとなった。

ただ、残念なことに、「生体×情報」分野は、医療機器を担当する研究部の継続した研究テーマとなることなく「指静脈による生体認証技術」ひとつで終わってしまった。部長時代に「生体×情報」のコンセプトを明確に伝えた上で、さらに次の研究テーマを仕込んでおくべきだったと、実は後悔することになった。20年経って画像診断系のグループ会社が、他社に売却されたからなおさらである。

管理職としての人材育成

部長や本部長としては、研究者の育成も大きな課題であった。それまでの実は弱小研究ユニットのリーダーであったので、ともかく新しい研究テーマを事業部に提案しては研究資金を獲得し続けることに忙殺されていた。正直、そうしなければ研究ユニットとして生き残っていけなかったのだ。

部長になって気づいたことのひとつに研究者のメンタリティーがあった。事業的にも成功している大きな研究ユニットに所属している研究員ほど、既に成功している研究テーマから離れようとせず、自ら新しい研究テーマを提案することなく、半年ごとの依頼研究をそつなくこなして研究生活を終える。在籍していた研究所では、あえて新しい研究テーマに挑戦し、大変な苦労を重ねながら製品化まで持っていく「つわもの」が数多くいたのだが、彼らからその生き方を学ぼうとは思わなかったようだ。

あまりにも手厚い庇護のもとで育っている研究者が多かったので、新しい研究テーマを探るべく、部下の研究者たちの研究室にお邪魔しては、研究テーマのタネを探し始めた。そのなかでおもしろいと思われたキーワードを拾い出し、その研究者をけしかけて、まずはシミュレーションでその診断装置の実現可能性を検討してみた。意外におもしろい結果が出たので、社内の研究発表会に向けて、そのモックアップをデザイン研究所のメンバーに頼んで突貫工事で製作し、大々的に発表した。

予想どおり、新しいコンセプトに対して、当日の関係者の反響はすごかった。展示室が見学者であふれた。研究者たちも頬を紅潮させながら、熱心に説明していた。この勢いでプロトタイピング（試作）に入ろうと考えたが、実はそののち異動となり、この開発の話も急にしぼんでしまった。

もう少しサポートできればよかったのだが、非常に心残りだ。

「管理職からみた生産性向上」

実は、管理職時代、会食をしながら、他社の幹部と議論することがよくあった。そのときの雑談のなかで、米国中央情報局（Central Intelligence Agency：ＣＩＡ）の『Simple Sabotage Field Manual』について話題になったことがある。これは第２次世界大戦時のＣＩＡの秘密資料で２００８年に公開された。要は、敵国内のスパイが組織の生産性を落とすためになにをするかというものだった。たとえば、

・会議はなるべく大人数で行う
・会社内での組織的位置づけにこだわる
・文書は細かい言葉尻にこだわる
・なるべくペーパーワークを増やす
・承認手続きをなるべく複雑にする

などだ。

よかれと思って導入した仕組みが、じつは生産性を落とすことになっているという非常に怖い

話だ。特に話題に上がったのが、いったん導入した経営手法をやめることができず、時代にあわせていろいろと出てくる経営手法をどんどん積み上げて、現場がその運用だけで専任者をつけ始めるということだった。担当者は一所懸命にフォーマットを作成して、各部署に配布してデータを回収して資料を完璧に完成させ、定期的に幹部会で報告することになる。ただ、会議での報告はせいぜい数分だ。当該経営手法の導入によって、経営が改善されたかどうかわからないまま、そして導入した先輩に気兼ねしてやめられないまま何年も運用していくことになる。

ＣＩＡレポートは専門家による長年の研究成果に基づいており、核心をついたものだと思う。頭ではわかっていてもそれを改善することができないのは不思議なことだ。そういえば、ＣＩＡレポートにはさらに、

・相対的に重要ではない仕事に完璧さを要求せよ
・ささいな点でも修正するように突き返せ

というのもあった。

実は、これを知ってから、自分の責任のおよぶ範囲で、いろいろな仕組みを簡略化しようとしたが、立場上、残念ながらそれにも限界があった。

「痛感した日米間の差」

米国での海外共同研究、米国企業との共同開発、20回を超える米国出張などを通して、米国の研究者、米国の経営者、米国の友人など多数の人とお会いしてきた。

当然、日本の良い点、悪い点があり、米国にもそれはある。しかし、ときどき考えてしまうのだが、もし、実が、日本の大学ではなく、米国の大学、大学院で厳しい教育を受け、米国の猛烈な競争社会のなかで生きていくと決断していたら、「坂入実」という人間はどう変わっていただろうかということだ。環境が劇的に変わるなかでまったくの別人になっていただろう。試してみたかった。

以下に記載するのは、こんな荒唐無稽なことを考えるきっかけになった出来事だ。

（1）米国に住む友人の決断

ほぼ10年前になるが、米国に住む大学時代の友人である藤生《ふじう》尚光《たかみつ》さんが年末に帰国の折、東京駅のレストランで会食をしたことがある。お土産は、大リーグ・ナショナルズの野球帽だった。

藤生さんとは、大学時代、研究室対抗野球大会でバッテリーを組んでいたことがあり、それを思い出し笑ってしまった。

人伝てに米国に留学したとは聞いていたのだが、久しぶりに会って大学卒業後の様子がわかった。日本企業に就職してからペンシルバニア州立大学の博士課程を卒業し、その企業が立ち上げた米国ベンチャーを担当したものの、うまくいかず、退職してそのまま米国に残ったとのことだった。退職後、米国の法律事務所「モリソン・フォスター」にパテントエージェントとして就職し、事務所の奨学金制度を利用して夜間ロースクールに通い、米国弁護士の資格を取得して、現在は、日米を股にかけて特許弁護士として活躍しているとのことだった。

日本での会社員生活にどっぷりとつかっていた実は、「なぜ日本に戻らなかったのか」と聞いたところ、思わぬ答えが返ってきた。「じつは、10年も暮らしていると、私も家内も米国での生活がすっかり気に入ってしまい、日本に戻る気はまったく起こらなかった。子どもは米国でしっかり教育を受けさせたいと考えている」とのことだった。さらにいろいろ聞いてみると、医療費が高いなどの問題はあるものの、基本的に車を使うことを前提とした社会システムが非常に合理的にできており、家が広いこともあって基本的に住みやすいとのことだが、一番のポイントはお子さんの教育だったようだ。

日本の大学では学生はあまり勉強しないし、大学院で研究を行うための環境も劣悪になる一方だ。それよりは環境が整った米国の大学でいろいろな国からきた学生たちと切磋琢磨しながらしっかり勉強して、これからの社会課題解決に取り組んでほしいということだった。

藤生さんは、東京大学と米国東部の名門州立大学大学院の両方で学んだ結果として、このような結論を出したのだろう。確かに、実は大学院博士課程にはとても進む気が起こらなかった。先輩方が30歳近くまでアルバイトしながら生計をたて、博士号を取得できたとしてもアカデミアの就職口はほとんどなかった。その点、米国の大学では博士課程の学生は給料がもらえ、博士号が取得できればそれなりのアカデミックポジションがあるようだ。

藤生さんは日米両方の生活をとおしてそのあまりにも大きな差を認識してしまったのだと思う。

（２）米国Ｌさんの人生

数年前に、米国分析会社の副社長Ｌさんと東京でお会いする機会があった。両社間での今後の仕事の進め方について議論することが主な目的だった。議論の前に、お互いのバックグラウンドについて紹介することになったが、おもしろい共通点があることがわかった。

１９８０年代、Ｌさんと実は、米国と日本と場所は異なっていたが、機器メーカーで同じ目的の分析装置の開発を行っていたことがわかった。液体クロマトグラフ質量分析計という分析装置だ。これは相当難しい開発で、エレクトロスプレー法を用いて成功したエール大学のジョン・フェン博士が２００２年にノーベル化学賞を受賞したほどである。開発初期は、いろいろな手法が提案され、そのなかのひとつがベルト型インターフェイスだった。Ｌさんも実も若いときに、この方法の試作をしていたが、双方とも安定したデータをとるのに四苦八苦していたことがわかった。この方法は、結局歴史のなかに消えていったが、お互いの苦労話に花が咲いた。

90年代以降はお互い別の道を歩むことになった。特に、米国では、１９８７年にゼネラルエレクトリック社（ＧＥ）がトムソンの医療機器部門を買収してその事業の拡大に成功していった頃から、Ｍ＆Ａをベースとした事業再編が流行りはじめ、変化の少なかった米国分析機器メーカーにも大きな変革の波が押し寄せた。そのようななかで、Ｌさんの会社もＭＢＡ（経営学修士）ホルダーが会社の中枢をしめ、液体クロマトグラフ質量分析計の自社開発という会社の方針は大きく変わり、Ｍ＆Ａで技術と人材を獲得するという考え方が主流になったとのことだった。Ｌさんは新しい道を模索せざるを得ず、分析会社を立ち上げていった。

他方、実は、米国の大きな変化を十分に認識しないまま、80年代同様、90年代に入っても事業部からの依頼研究をわずかな人数で行い、相変わらず分析装置の開発を進めていた。関係する事業部から国内向けにいくつか製品を出すことはできたが、会社における研究の進め方に特に大きな変化を起こすことはできなかった。

今考えると、Lさんの人生と実の人生は、日本と米国間におけるビジネスの進め方の差によって大きく変わったようだ。ただ、結果として、分析装置という地味な分野でも、米国では、ThermoFisher Scientific社のような売り上げが4兆円を超す巨大企業が誕生していることは事実だ。ただ、それはノーベル賞級の技術開発によるものではなく、経営陣によるプラグマティックM&Aの積み重ねの結果である。技術と人材はM&Aで獲得するという考え方だ。

加えて、90年代以降、米国企業は最先端のIT技術を蓄積している外部のエンジニアリングサービス会社を積極的に活用していったことも大きかった。日本の企業は情報漏洩の問題を気にしすぎて、新しいIT技術が出てきても内部のメンバーで吸収してなんとか技術を立ち上げようとしてきた。しかし、それでは世界最先端技術をキャッチアップすることは時間的に無理であったのだ。

日米間の装置メーカーの差は、1990年代、2000年代になって、1980年代よりとてつもなく大きくなった。

(3) 米国で活躍する異色の先輩

実は、東京大学理学系大学院修士課程時代、有機分子の物性研究を主とする黒田研究室に所属していた。研究室の先輩方によると、校條浩《めんじょうひろし》さんもこの黒田研究室のご出身とのことだった。2年先輩になるので直接の接点はなかったが、大学教授や企業人になる先輩方がほとんどのなかで、シリコンバレーに30年以上在住し投資家となった「異色の先輩」だ。大学院卒業後、小西六写真工業に就職したが、フィルム事業がデジタルに置き換えられることを予想し、大きく進路を変更した。現在の肩書を見ると、NSVウルフ・キャピタル・マネージングパートナーとあり、日本企業とシリコンバレーの橋渡しをしているとのことだった。「ダイヤモンド・オンライン」でも、最近まで「シリコンバレーの流儀」という興味深い連載を持たれていた。実も愛読者のひとりであった。

実は、入社後10年間近く、既存事業に関する依頼研究を行っていた。しかし、既存事業は、綿密に立てた事業計画が頓挫し、予算が未達になると、事業部長から厳しい叱責を受けると同時に、ヒト、モノ、カネがどんどん減っていく。しかし、そのような悪条件のなかでも、「世界に勝つ戦略を考えよ」という幹部からの指示が容赦なく下りてくる。だが、実際の担当者としては、神のみぞ知るような解を見つけようがない。

一方、ある程度裁量のきく研究ユニットリーダとなった30代半ばには、技術は踏襲しながらも、それまでの社内の担当事業部、ターゲット顧客を大きく変更した「新事業創生」という視点に大きく舵をきる決断をした。仮説を立てて予備評価を繰り返しながら顧客の反応を見て、研究の方向を微修正していくというやり方をとった。これはこれでかなり苦しい道のりだったが、わずかな人数でスタートし、素早く仮説を検証しながら、少し結果が出たところで、特許出願後、プレス発表で話題作りをしながら資金や人員を徐々に増やしていった。また、おもしろいことに、新しい仮説検証が動き始めると賛同し協力してくれる人もわずかだが出てくる。自分でもやってみたいと思っていたが、きっかけが見つからなかったということだろうか。

以上のプロセスは、校條さんの言葉を借りると、非常に小さな例であるが、「帰納法的活動」（市場調査を行って事業領域を明確にし、開発、市場展開を進める方法）から「演繹法的活動」（仮説を立て検証し反応を見ながら仮説を最適化していく方法）への転換ということになるかと思う。そののちの実の研究の方法は、この演繹的活動に基づいた方法が主体となったと考えている。

校條さんと一度議論したいところだ。

(4) テキサス州における巨大スコール

海外でもう一度行ってみたいところはプラハ、ウィーン、マイアミなどいくつかあるが、そのひとつが米国テキサス州のツーソンだ。すべて、過去、国際学会で訪問した土地で、それぞれの場所でよさがある。しかし、ツーソンだけは印象がだいぶ異なった。

ツーソンは1990年と2000年の2回訪問した。どちらも5月末頃だったので、既にかなり暑く、ホテルの外に出るのが憚《はばか》られるほどだった。日射しが痛いほどで気温は40℃を超えていたと思う。ただ、湿度が低いので、夕方、ホテルの外で夕焼けを見ながら飲むビールの味は格別だった。その夕焼けも日本で見るものとは違い、はるか遠くの地平線に沈む太陽がサボテンや砂漠などを赤く照らし、米国の壮大さを肌で感じることができる。ときどき、遠くのほうでスコールがあるが、雲の切れ目がくっきりと見えて雨が激しく降っている場所がはっきりわかった。このようなスコールは米国以外で見たことがない。

学会中のディナーでは、南部特有の巨大なステーキは食欲を逆になくし遠慮した。代わりに、近くにオイスターバーがあり、そこで生ガキにレモンをかけて毎日のように食べていた。ツーソンのような暑い場所で生ガキはどうかと心配したが、実を日本人と知ったメキシコ系アメリカ人の若いウエートレス（名前はティナ、なぜか今でも覚えている……）が「大丈夫、大丈夫、とてもおいしいよ」と話しかけてくれ、その言葉を信じた。確かに、レモンと肉厚の生ガキがマッチして一口でするりといけて、とても美味だった。ただ、ホテルに帰ったあと、生ガキはロシアンルーレットだというテレビ番組がありだいぶ焦ったが、幸いなことになにごともなかった。

テキサスに行くと、日本とまったく異なる風景が見られ、米国の空間的な大きさを実感できる。友人の米国人がときどき冗談で「アメリカはｅｍｐｔｙだ」と言っていたが、この感覚を味わうには、テキサスあたりがよいかもしれない。実は、このｅｍｐｔｙと感じる感覚こそが、米国のチャレンジ精神の原点のような気がしてならない。まだまだ、広大な土地をイメージしたビジネスのタネはたくさんあるということだろうか。

(5) メリーランド州での自動車免許試験

先日新しい長財布を購入したので、これまでのいくつかの財布の中身を整理した。そのなかに米国メリーランド州の運転免許証を見つけた。若かりし頃の実の写真が貼ってあり、とても懐かしく思えた。１９８９年に取得したこの免許証は米国生活で本当に役に立った。

日本における複雑な自動車免許制度と異なり、当時の米国では、いきなり、車両管理局（Motor Vehicle Administration：ＭＶＡ）の自動車免許試験会場に行って受験登録し、筆記試験と実技試験に合格すると15分後にはいきなり「Ｄｒｉｖｅｒ　Ｌｉｃｅｎｓｅ」が発行された。さすが自動車社会の米国と、その合理性にいたく感心した。当時の筆記試験はコンピューターを使った４択問題で、一定時間に20問を解いて17問正解しないと不合格になる。実の前で受験していた地元の女子高校生たちがけっこう不合格になっていたので少し不安になったが、英文をよく読んでみるとそれほど難しくなく筆記試験は無事合格した。現地の女子高校生のひとりがくやしそうに、「You passed?（合格したの？）」と話しかけてきたのを今でも覚えている。

続いて実技試験だが、前の受験者の様子を見ていると前進や後進だけの簡単な実技試験だったので、これもまったく問題なさそうだと楽観視していた。ところが、実技試験を担当した試験官の英語がほとんど理解できなかった。なにを指示されているかまったくわからなかった。本当に英語なのか、それともメキシコ人と思われてスペイン語で指示されているのかとだいぶ混乱した。これで焦った実は試験官になにか言われるたびに、前進か、後進かだけ何回も聞きなおして、なんとか実技試験を終了した。最終的に実技試験が合格だったのかどうか、事務所で最終結果を聞くまであまり自信がなかった。

免許取得後、当初は自動車保険の問題もあり（米国ではHigh Risk Driverだった）、かなり慎重に運転していたが、高速道路がフリーで、ガソリン代も日本の四分の一であったので（当時は、米国1ガロンの値段が日本1リットルの値段とほぼ同じであった）、しばらくすると自家用車で移動することが非常に多くなった。

ワシントンＤＣにおけるスミソニアン博物館は入館料が無料だったこともあり、時間ができると出かけてはすべて見学した。これだけの膨大かつ貴重な展示物を無料で見られることに、米国の懐の深さを強く感じた。飛行機でほかの州に出張する際には、自宅から車で50分程度のところにあるワシントン・ダレス国際空港を利用した。空港には広大な駐車場があり、当時、1週間駐車してもわずか15ドル程度であったと思う。また、土日には片道5時間くらいの場所までドライブによく出かけた。メリーランド州や隣のウェストバージニア州の奥の方に行くと、赤や黄色で彩られた秋の風景は別世界に思えた。道路を埋め尽くした落葉を車で踏みしめていくときの乾燥した音も心地よい音楽に聞こえた。また、南北戦争で有名なペンシルバニア州ゲティスバーグもそれほど遠くない場所にあったので、何度か行って米国の歴史を改めて学び直した。ゲティスバーグ戦場博物館では、展示物の前で帽子をとり左胸にあてる米国人を数多くみたが、米国人にとってやはり特別な場所のようだ。

当時行った場所を地図で改めて確認してみると、実が住んでいたメリーランド州ロックビルを中心にして500キロメートル程度が実のドライブ範囲だった。日本では近場しか運転しない実にとって考えられない移動距離であった。

（6）異国の地での言葉の重要性

以前の会社員時代にはあまりYouTubeを見なかったが、最近、英語力の向上のためにYouTube

の英語レッスンの動画を見るときがある。そのとき、「Thank you very much for everything.」というフレーズを時々耳にする。これを聞くと米国での記憶が鮮明に蘇ってくる。

ある件で、米国自動車協会（American Automobile Association：ＡＡＡ）に所属するインド系アメリカ人女性とのチケットキャンセル交渉が必要になった。購入額も大きかったので、返金額をできるだけ多くしようと、実は相手側に対してかなり強い態度に出た。当然のことながら、相手の顔もどんどん険しくなっていった。怪我が原因なら医師の診断書が必要ということだったので、すぐに医師のところに行って診断書を書いてもらい、取って返しては、これでどうだといわんばかりにその女性に返金を再度求めた。そのあとも1時間以上すったもんだしながら下手な英語で交渉していたが、詳細な契約条項の説明を受け、これ以上の交渉は難しいと判断した実は結局全額返金をあきらめた。

ただ、最後に何気なく笑顔で、「Thank you very much for everything you've done for me.（今まで本当にありがとうございました）」とその女性に対して言った。実にはそれほどの深い意味はなく、なにかで習った決まり文句を挨拶として言っただけだったが、相手の女性の顔が見る見るうちに笑顔に変わった。最後は握手をして別れることができた。

これには後日談がある。メリーランド州ロックビルのＡＡＡの会員となっていた実は、ボストン、サンフランシスコ、ニューヨークなどへの国内出張の際には必ずＡＡＡで航空チケットを購入していた。また、メリーランド州の運転免許を取得していた実は自家用車でよく近隣の州に出張していたが、その際にはＡＡＡに行ってどのルートを通るとよいか地図に印をつけてもらい、その地図をすべてもらっていた。カーナビがなかった時代だ。あの「事件」以降、彼女はＡＡＡで実を見かけると、いつも笑顔で挨拶して熱心にサポートしてくれた。いつしか、ＡＡＡでのチケットの予約と以前の旅の報告をするのがとても楽しみになった。

「笑顔となにげないひとこと」で異国の地で新しい友人ができたこと、久しぶりに言葉の大切さを思い出した。いつもインドの民族衣装サリーを着ていた彼女も実と同じくらいの年齢だったように思う。今でも米国で元気に暮らしていることだろう。

第5章

自分の特徴を活かした生き方をするには

——自分自身を深く理解し、足らざるところを認識する——

「M君との対話（組織人としての出世と仕事人としての出世）」

M君　おじいちゃんのこれまでの人生には、いろいろなことがあったんだね。その経験から、自分に適した仕事を見つけていったんだね。

でも、人間ってそれぞれ違うよね。正直、僕がどんな仕事に向いているかまだわからない。どうすれば見つかるのかもわからないよ。どうすればいいのかな、おじいちゃん。

おじいちゃん　これもとても難しい質問だね。

おじいちゃんもすぐに見つかったわけではないし、残念ながら、その方法も、M君にこれだよといえるほどはっきりとしたものは持ちあわせていない。正直、いろいろな勉強、仕事、人との出会いのなかで、こんなところに遺伝的才能があるのではないかと考えながら、時間をかけて自分に向いている仕事とそうでない仕事を絞り込んでいったというところかな。

おっと、そーだ、情報を集めることも重要だよ。最近は、インターネットで簡単に必要な情報を集められるから、その点は助かるね。ただ、注意しないといけないのは、情報に溺れてしまうことだ。たくさん集めても、どう処理していいかわからなくなることもある。おじいちゃんが小さい頃は、地方に住んでいたこともあり、得られる情報がとても少なかった。その分、自分の頭で考え、自分の体で感じていくということが十分にできたかもしれない。人間の脳は、おじいちゃんの頃とＭ君の頃では基本的にあまり変わらないだろうから、これは重要かもしれないね。

たとえば、おじいちゃんの場合、自分に向いていない仕事をしていると、精神的な疲れがひどくなる。経験したことのないような気だるさを感じるんだ。小学校時代の合唱クラブの練習や、会社員時代の管理職の仕事はそれにあたるかもしれないね。その一方で、向いている仕事をしていると、何時間でも継続できるんだ。小学校時代の工作、会社員時代に新たな装置を組み上げて実験することはそれにあたるかな。このような向き、不向きは人によって違うから、自分で判断しないといけないことなんだけれど、この感覚がわかってくると、自分の進むべき方向がどんどん絞れてくるかもしれないね。


でも、ひとつ注意しなければいけないことがあるよ。かけっこが早いとか、ピアノが上手だというようなスポーツや芸術の分野の才能は、小さいときでもとてもわかりやすい。でも、それ以外は、社会に出て経験を積み上げるなかで、最初はとても小さなことに遺伝的才能を見つけることが多いかもしれないね。

たとえば、おじいちゃんの「実験における観察力が鋭い」という特徴もそれに気づいてから、何万回も実験で得られたマススペクトルを観察することによって、さらにその力が磨かれていったと思う。その結果、それまで報告されていなかった新しいイオン化現象を３つも発見することができたんだ。でも、マススペクトルと向き合う機会がまったくない人生を歩んでいたら、この才能にもまったく気づかなかっただろうね。

それに、「他人の否定的な言葉で逆に発奮してしまう」という才能も、まわりがとてもよい人ばかりで否定的な言葉をおじいちゃんにぶつけてくれなかったら、もしかすると、まったく気づかずに一生を終えてしまったかもしれないね。

ところで、M君、少し話が難しくなるけれど、いいかな。

M君　またかーい、おじいちゃん。なるべく簡単に話してね。

おじいちゃん　わかった、わかった。なるべくポイントだけを話すよ。

「組織人としての出世」「仕事人としての出世」という言葉は、コンサルタントの秋山進氏（プリンシプル・コンサルティング・グループ株式会社　代表取締役）のコラムから取り上げたものだけれど、なかなか言い得て妙な言葉と思っている。

大学院を卒業してしばらくは定期的に同級生たちで飲み会を開いていたけれど、その頃はあまり社会的地位の差がついていなかったので、気軽に将来の夢を語り合っていたんだ。そんななかで、大学や国立研究機関のようなアカデミアに進んだ同級生たちはともかく、企業に就職した同級生の意見はふたつに分かれた。

会社の主流の事業部門に入りそこで成果を出して組織的に出世したいといった同級生もいたし、研究で成果を出して新しい製品を世の中に出したいという同級生もいた。30～40年という長い年月を過ぎると、大会社の幹部や企業の社長、あるいは大きな事務所所長になって「組織人として出世した」同級生も出てきた。

一方で、研究で成果を出して新しい製品を世の中に出したいと望んだ同級生たちは、組織人としてあまり出世することなく、会社生活を終えようとしているケースが多い。仕事人として出世するというのは、その道で一流の技術者になる、あるいはプロジェクトリーダーとして製品を纏め上げることだけど、それだけ確率が低いということかもしれないね。

おじいちゃん自身も、仕事人として出世することを望んだグループに属していたんだ。しかし、いざ始めてみると、既存製品を改良する場合は別だけれど、わずかな予算と人数で新しい製品につながるような研究成果を出すことはとても大変だった。それに、うまく製品になったとしても、売り上げと利益を出すまでには相当時間がかかった。赤字を続けると製造が打ち切られることもあるから、厳しい世界だ。おじいちゃん自身もそんな厳しい目にあったしね。

しかし、20年くらい歯を食いしばって頑張っていると、ときどき意図せざる偶然に出会い、新しい技術とそれを使用した製品が生まれることがある、大きな成功につながる場合も出てくる。このような成功体験は、組織人として出世してなくても、自分の人生に大きな花を添えてくれるはずだと、おじいちゃんは思っている。

組織人としての出世、仕事人としての出世、どちらも重要とは思うけれど、最後は、死ぬときに、「自分の履歴書」にどういう内容を記載できるかだ、とおじいちゃんは考えているんだ。企業人には、「私は、部長2年、本部長2年、事業所長2年やりました」と過去の経歴を述べる人がけっこういるけれど、このように履歴書に記載したところで、日々のルーチンワークに埋没しているだけではなにも記憶に残らないよ。自分の仕事が世の中の役に立っているかどうかもまったくわからない。おじいちゃんも7年間ほど管理職をやったことがあるので、このあたりの感覚はよく理解できる。長くもがき苦しみながら、最後までなにかに挑戦して成し遂げてはじめて、自分の履歴書に記載できることがたっぷり生まれるはずだと、おじいちゃんは考えている。

そして、おじいちゃんは、いろいろな研究テーマに挑戦することで得られた嬉しかったこと、悲しかったこと、辛かったこと、仲間たちと悪戦苦闘したことがたっぷりと記載され、思い出がたくさん詰まった自分の履歴書を読み直して、微笑みながら「いろいろなことに挑戦して、とてもおもしろい人生だったな」と最後は人生を終える予定だよ。当然、そこには、家族（祖父母、両親、姉兄妹、妻、娘夫婦、孫たち）との思い出もたくさん入っているはずだ。

ところで、M君が怪獣の立体工作に熱中して完成させた様子を見ていると、M君に向いている仕事が絶対にあると思うけどね。この点は、おじいちゃんが保証するよ。

それにしても、割り箸を使って、平面ではなく立体的に見せる工夫はとても見事だったね。なんか、小さい頃のおじいちゃんを見てるみたいだったな。

M君　そうかな、でも好きなことはずっと続けられるね、このあたりはおじいちゃんに似たのかも。

おじいちゃん　悪いところは似ていないだろうね……。

「自分を理解する」

実は、小中学校時代に、工作のように好きなことであれば何時間でも没頭できる性格であることに気づいた。また、高校、浪人時代に、受験勉強をとおして、目標達成に向けて何年間も地道な努力を継続できる性格であることにも気づいた。これによって、難関大学、そして大学院にも合格した。

社会人になり企業の研究所に勤務するようになってから、注意深く実験を観察する能力が備わっていることに気づいた。この特徴により、マススペクトルのわずかな変化に遭遇し、何度か新しいイオン化現象を発見することができた。博士号の取得、７度の製品化、３００件以上の特許出願、60報以上の論文投稿、20あまりの社外表彰など、すべてがこれらの発見から生まれたといっても過言ではない。

そして、かなり困難な開発に挑戦するには、別の能力が必要だ。知識と理解力があると得てして、「この研究目標はこういう技術的課題がいくつもあるから難しい」「こういう技術を開発することは原理的に不可能だ」「世界の誰も成功していない技術で挑戦するのは無謀だ」「この開発には巨額の開発資金と人員が必要でそれらを準備することは難しい」などと、なんとか研究を担当しないで済むための理由をいくつも考えて、最初の一歩がなかなか踏み出せないことが多い。万人によくありがちな現状維持バイアスが強すぎるケースだ。そうやって躊躇して挑戦をしないまま研究生活を終えてしまうのはとてももったいないことだ。

実にもそういう傾向は当然あったが、それをカバーする別の遺伝的才能があった。自分が考えた新規研究テーマについて、他人の否定的な言葉があると「発奮スイッチ」が強力に入ってしまい、技術的に相当ハードルが高い開発でも、「やってみないとわからないはずだ」とリスクを顧みず挑戦してしまう才能だ。心理学的には「心理的リアクタンス」と表現されるが、これが人一倍強かったようだ。

結果として、長期間開発がうまくいかず苦しみ、上司からは公然と強い叱責をもらうこともあって、周囲からはとても不器用な生き方に思われただろう。しかし、このような不器用さがない限り、研究における新しい挑戦などまったくできなかったことも事実だ。実際に研究をスタートし遮二無二取り組んでいると、実験結果をありのまま素直に観察し続けることで、突然と新しいアイデアが頭にうかんだり、予想とは異なる新しい研究の方向性が見えてきたりする。加えて、悪戦苦闘する実をサポートしてくれる人たちも出てくる。これが実際の研究というものなのだ。こういうことを地道に積み重ねていくことが「イノベーション」に向けた第一歩なのだと実は考えている。

「これからの時代、会社を大きく発展させるにはイノベーションが重要だ」「イノベーションにはセレンディピティが必要だ」「セレンディピティには異分野交流がポイントだ」。確かにおっしゃるとおりだろう。しかし、それが簡単に実現できないことは皆がわかっているはずだ。流行りのキーワードを呪文のように何度も唱えたところで、まわりの批判をものともせずほとばしる熱意で挑戦し続ける「不器用な人間」が出現しない限り、イノベーションなど起こりようもないことは誰もがわかっていることではないだろうか。

これまで、実は、自分の研究成果に対して、いろいろな社外表彰に応募してきた。結果として、それなりに名のある社外表彰を受賞した。賞を取りたいという基本欲求は当然あるのだが、それまでにない新しい技術や製品を開発してこそ受賞できるレベルの高い賞を獲得することで、自分の行ってきた研究の成果に対する外部からの客観的な証拠が欲しかった。会社内部での評価はある意味どうでもよかった。実は、まさに「不器用に生きてきた」という証拠を、レベルの高い社外表彰によって証明したかったのだ。

「自分を深く理解する」

実が研究所の部長をしていた40代前半の頃、中国上海にバイオラボを作ろうという話が持ち上がった。急遽、上海に飛んで現地のマネージャーと打合せを行い、上海周辺の大学との共同研究を中心にいくつか案を考えた。このとき、東洋医学というキーワードが出てきたので、帰国後いろいろと調査を行った。ただ、調査しているだけでは結論を出すのが難しいので、参考のために、気功の先生にお話を聞いてみようと、懇意にしているマッサージの先生に紹介してもらった。その先生は近畿在住であり、ときどき東京に来ているとのことだったので、東京に来た際に一度お話をお聞きしようと先生の施術室を訪問した。

少し眉唾ではないかと考えていたこともあり、なにかを特に期待していたわけではなかった。多分、先生もそれを察知したのだろう、突然、実の後頭部に手のひらをかざして「これから『気』を入れます」と言われた。すると、後頭部が突然熱くなった。温かいのではない、熱いのだ。これに驚いた実は、先生の「手のひら」を何度も確認したが、普通の手のひらだった。そして、何度やっていただいても再現性があった。これでようやく、この先生は特殊な能力をお持ちだと得心した実は「どうやってそのような能力を身につけられたのですか」と素朴な質問をした。もともと機械設計をしていたエンジニアと事前に聞いていたこともあり、気功師への変身のプロセスにとても興味がわいたのだ。しかし、その答えはあっさりとしたものだった。

「いやー、ある日突然なんですよ。それまでも『気を入れる』『気をとめる』ということを訓練していましたが、そのオンオフができるようになったのはある日突然なんです」

正直、特別なコツがあれば教えてもらおうと考えていたが、あまりにもあっさりとした回答に拍子抜けした。40分ほど施術を受け、施術室から出ようとした際、先生から次のような不思議なことを言われた。「それぞれの人には『気』を入れる器があります。あなたの器は大きいですね。しかも、『気』が器からあふれています、うまく使ってください」

施術室では次の人が待っていることもあり、実はそれ以上質問しなかったが、この言葉がなにを意味しているのかとしばらく悩むことになった。

気功の先生にお会いして20年、それにしても、気功の先生に見えた「あふれている気」とはなんだったのだろうか。

ひとつ思い当たるとすると次のようなことだ。隙間時間を利用して実ひとりでスタートした研究は複数あるが、最終的には、それぞれ数十人から100人規模の関係者が協力してくれるようになったことだ。研究所、事業部、設計部だけでない。本社広報部、企画室、そして社外の人たちもだ。これには、研究自体の成果だけでなく、リーダーである実自身が評価された面もあるだろう。

単なる妄想かもしれない。しかし、これが「あふれている気」によるものとすれば、人間そのものに対する興味がますますわいてくる。

自分の足らざるところを認識する

実の母方の曾祖母は「福田たね」といった。昭和30年代前半、母の実家に行くと、背中の丸まった小柄な曾祖母がよく火鉢にあたっていた。その様子を見て、実は「梅干し婆さんだ」と悪態をついて母から大目玉をもらっていたが、じつは、女性ながら眼光鋭くとても近寄りがたい存在であった。今から考えると、幾多の時代の荒波（日清戦争、日露戦争、太平洋戦争、息子の戦死、戦後の農地解放など）を乗り越えてきた「明治人の精神的強さ」が表情にあらわれていたのだと思う。当時、3、4歳の実にはそれが理解できなかった。昭和30年代半ばに亡くなったが、それ以降、あれほど鋭い眼光の人には出会っていない。

実は日本の近代史を読むことが好きだ。こんななかで、明治維新を乗り越えて欧米諸国に比して近代国家になろうとしていた日本には、おたね婆さんのように、とても面構えのよい明治人が日本を多方面で支えていたことがわかる。

義和団事件の「柴五郎中佐」はそのひとりだ。会津出身で陸軍大将になった方である。中学校社会の教科書で義和団事件を習うと、英国、米国、ロシアなど各国の大きな兵士たちの端に、ひときわ小柄な日本兵が並んだ写真だけが印象に残る。しかし、他国の兵士に比べて背筋は一番のびている。

日本軍は北京籠城に際して、柴中佐を中心に非常に大きな役割を果たしていた。大軍の義和団に対して北京の公使館地区に籠城した際、各国の兵士たちをまとめあげ実質的に指揮をしたのが柴中佐だった。２ヶ月の籠城を持ちこたえ、援軍が来て乱はようやく終息したが、英国のマクドナルド公使は柴中佐を中心とした日本軍といっしょに戦うなかで、日本は十分に信頼に足る国家であることを確信し、帰国後、首相や貴族にそのことを熱心に訴えたそうだ。これが日英同盟締結に向けた大きな礎になったことは間違いない。この日英同盟がなければ日露戦争での勝利もなかったかもしれない。

戦争という特殊な事情ではあるものの、義和団事件を通して、真の「グローバル化」とはなにかということを改めて考えさせられた。単に、語学力が必要というだけではない、欧米並みの知識や技術があればいいわけでもない。「高い人間性を相手に示し、深い信頼を獲得する」ことが最も重要ではないだろうか。柴中佐を中心とした日本軍の勇敢さと礼儀正しさが各国から賞賛を浴び、このような明治人が活躍したことによって、現在の日本があることを日本人はもっと学ぶべきではないかと思う。

多くの記事に紹介されているが、日本における感染症対策では100年以上も前の世界的に有名な例がある。「後藤新平」による大規模検疫事業だ。当時、日清戦争の終結でコレラなどの伝染病がまん延する中国から、23万人を超える兵士が船で帰国することになった。この検疫事業の責任者には、当時37歳の若さの後藤が抜擢された。後藤はドイツから帰国後、伝染病研究所の建設に尽力し、完成した翌年、検疫事業の責任者に就いたようで、感染症に対する医学的知識は十分にあった。

後藤は、任命の2日後には、北里柴三郎をはじめとした医学や衛生学の権威を集めて、検疫の大方針を決め国内3ヶ所に大規模な検疫所をわずか2ヶ月で建設し、結局、3ヶ月間で687隻23万2346人を検疫したという。なんと驚くべき行動力か。

当然のことながら、当時は遺伝子検査のような手法はなかった。しかし、当時のドイツの世界最先端の医学知識をもとに、このような大規模検疫事業を成功に導いた後藤のリーダーシップには驚くべきものがある。後藤の言葉に、「妄想するよりは活動せよ、疑惑するよりは活動せよ」

があるが、まさにそれを自ら実践した例だろう。対策会議ばかりやって同じ発言を繰り返している暇はないということだ。また、後藤を責任者に任命した「児玉源太郎」の存在も非常に重要で、軍を含め多方面からの検疫に対するかなりの数のクレームの防波堤になっていたようだ。児玉は台湾総督、日露戦争で多大な貢献をした元陸軍大将である。後藤、児玉のような気骨と行動力がある人間がかつて日本にいたのだ。

作家であった大宅壮一氏は、「男の顔は履歴書」と言っている。さて、実は、自分の顔を見てみると、いろいろな難しい技術開発に何度も挑戦してきたつもりではあったが、福田たね、柴五郎、後藤新平、児玉源太郎のような明治の人間に比べると、「目力」がまだまだ圧倒的に足りないようだ。残りの人生、もっともっと挑戦をして内面を鍛え上げるべしということだろう。

よーし、もう一丁頑張ってみるか！　望むところだ！

おわりに

長らく勤務した企業を退職して会社を設立したことを機に、久しぶりに、亡き父が最後に残した『坂入本家 家史』を読んでみました。ライフワークとして取り組み、20年かけて過去帳などを丹念に調べ上げ、作成した力作です。

父の調査で、「坂入」という姓が最初に確認されたのは1300年代初頭で、「坂入伯耆守」と号し、当時、武州埼玉郡坂入城主となったことがわかりました。現在は埼玉県加須市のようです。それ以降、私たちが歴史の教科書でのみ知っている大きな出来事（高野山幽閉、関ヶ原の戦い、明治維新、太平洋戦争、敗戦後の農地解放など）を乗り越え、坂入家は現在に至っています。

直近の太平洋戦争だけを考えても、私が存在しているのは奇跡としか言いようがありません。父茂は、福島高等商業学校（現在の福島大学経済経営学類）を卒業後、帝国銀行に入行、まもなく水戸歩兵連隊として学徒出陣、満州に駐屯していましたが、ソ連と開戦し、戦争終結後シベリアに抑留され、約3年間の抑留生活を送りました。昭和22年11月1日に帰還しました。

父は、私には戦争時代のことをほとんど語りませんでしたが、4つだけかすかな記憶があります。

所属する隊の隊長が、「烏丸洋一中尉」であったことはそのひとつです。なぜか、この話になると、父の言葉に感謝の気持ちが感じられました。現在、烏丸洋一をネットで調べると、9歳まで米国ラスベガスで育ち、あまりにも頭脳明晰なので、日米開戦のときに、先生方が米国に残るように両親を説得したという記録が見つかりました。ペリリュー島での米軍との交渉の際には、烏丸中尉の卓越した英語力が役立ったという記録が残っています。こういった日本の優秀な人材が太平洋戦争で多数命を落としました。

私が小学生だった頃、父がよく見ていたテレビ番組のひとつは『戦友』でした。主題歌がとても有名なテレビ番組です。1960年代の夕方16時からの再放送では、仕事がどんなに忙しくても、父はどこからともなく現れて必ず見ていました。小学校から帰った私は何となくその隣でいっしょに見ていましたが、そのときの父の姿勢は必ず頭のうしろに手を組んで口をじっと真一文字に閉じたまま、ひとことも話しませんでした。きっと、異国の地に散った戦友のことを思い出していたのでしょう。

シベリア抑留時代のこともひとつだけ教えてくれました。ともかくロシア語を覚えて収容所のソ連人と仲良くなるように努めたとのこと。亡くなる直前まで「たばこ」「パン」「スープ」などのいくつかのロシア語を記憶していました。私が大学生の頃に、ソルジェニーツィン氏が執筆した『収容所群島』を取り寄せて、寝る前に読んでいたのを覚えています。あの過酷なシベリア抑留がなぜ起こったのか、その真実を知りたかったのだと思います。

父が生前何度か語っていたのは、「実、誰がシベリアの厳しい抑留生活を生き抜けたのかわかるか。体力のあるものではない、日本に戻りたいという強い意志を持ち続けたものだけなんだ」ということでした。戦後にかけて、シベリアには約57万5000人の日本人が抑留され、厳しい寒さのなかで満足な食事や休養も与えられず、過酷な労働を強いられ、約5万8000人が死亡しました。

そして、4つ目は、戦友どうしの絆の深さです。お互いに生死をさまよった仲間たちと会話するときの父は普段と違ってとても饒舌でした。なぜあのような激戦地で生き残れたのかについての思い出話はつきず、子ども心に父が別人に見えました。商売で相手が苦しいときは、お互いに助け合っていました。戦友が亡くなったときには必ず通夜、告別式に参列していました。この関係性には、家族の誰も踏み込めなかったように思います。

２０１４年の父の葬儀のときに、舞鶴港を経て郷里の下妻に帰還した際のぼろぼろになった青色のコートが展示されました。祖父が裸足で飛び出して父を迎えたそうです。祖母が捨てられず、タンスの奥深くしまっていたものを、遺品整理の際に兄夫婦が見つけ展示しました。こんなコートひとつで極寒のシベリアを耐え抜いたのかと、初めて見た私は涙が止まりませんでした。

数百年にわたって、先祖たちが幾多の困難を乗り越えつないできた「坂入家」、会社を設立した今、改めてその奇跡を噛みしめています。

坂入家は高野山にお墓があります。父が小学校に入学する前から祖父の勘蔵より聞いていたとのこと。父が母貞子と高野山を２００１年に参拝した際、住職のご案内により、芸州藩浅野本家の片隅に、高祖父清作が明治36年10月に、石碑を建立したことが判明しました。交通がとても不便な時代に、清作がなぜはるばる高野山に行ったのかを探ることが、父が家史を調べるきっかけになったそうです。その結果、１４４１年武州埼玉郡坂入城落城の責任を負って、先祖２代（尚政、政興）にわたって高野山に蟄居したことを弔ってのものであることがわかりました。『坂入本家 家史』を作成する際にこの経緯がわかって、両親は高野山を参拝しました。坂入家本家を継いだ兄夫婦も参拝しました。私も家内と近く参拝しようと考えています。

父の願いは、祖先の偉業を受け継ぎ、これを後代に引き継いで己の責任を自覚し、健康に留意し、社会のため、強く正しく生き抜いていくことでした。

私も、このことをしっかりと次の世代につないでいきたいと思い、本書を書くことを決めました。父の願いには十分届かなかったかもしれませんが、改めて自分の半生を振り返ってみると、いろいろな反省と後悔があるものの、「自分のアイデアから生まれた研究成果を社会実装しよう」と懸命に生きてきたことがわかりました。

そして、本書を子や孫たち、さらにはまだ見ぬ子孫にも読んでもらい、坂入家に生まれた「坂入実」という人生を少しでも知ってもらえたらと考えています。また、社会に出たとき、あるいは生きるうえで迷いが生じるときがきたら、ぜひ、この本のことを思い出してほしいというのが、実おじいちゃんのささやかな願いです。

なお、本書をまとめるにあたり、家内のさよ子に原稿を修正するたびに読んでもらいました。極めて率直で忌憚のない意見には大変感謝しています。紙面を借りてお礼を言いたいと思います。また、本出版に不慣れな私を、幻冬舎ルネッサンスの中島弘暉さん、小原七瀬さんが最後までサポートしてくださいました。心から御礼申し上げます。

令和5年9月　坂入　実

参考文献

（１）中屋敷均著、『遺伝子とは何か?―現代生命科学の新たな謎』（講談社）、２０２２年
（２）安藤寿康著、『日本人の9割が知らない遺伝の真実』（ＳＢクリエイティブ）、２０１６年
（３）『週刊サンダーバード秘密基地』（デアゴスティーニ・ジャパン）、２０２０年１月１４日創刊、https://deagostini.jp/tbh/
（４）「いいなＣＭ　大塚製薬　カロリーメイト　満島ひかり『とどけ、熱量。』篇」、２０１２年、https://www.youtube.com/watch?v=ccdAEc7kDgI
（５）藤田政博著、『バイアスとは何か』（ちくま書房）、２０２１年
（６）祐宗省三・原野広太郎・柏木惠子・春木豊編集、『新装版 社会的学習理論の新展開（Bandura in Japan）』（金子書房）、２０１９年
（７）シュレディンガー著、岡小天・鎮目恭夫訳、『生命とは何か：物理的にみた生細胞』（岩波書店）、２００８年
（８）大宮信光著、『現代科学の大発明・大発見50』（ＳＢクリエイティブ）、２０１２年
（９）Ikemoto Isao, Sakairi Minoru, Tsutsumi Takayoshi, Kuroda Haruo, Harada Issei, Tasumi Mitsuo, Shirakawa Hideki, Ikeda Sakuji, " X-RAY PHOTOELECTRON SPECTROSCOPIC STUDY OF HIGHLY CONDUCTIVE IODINE-DOPED POLYACETYLEN, " Chemistry Letters, 1979, Vol.8, No.10, 1189-1192
（10）武田健一著、「特別ＷＥＢコラム　新型コロナウィルス禍に学ぶ応用物理　ＤＮＡシーケンサ」（公益社団法人

応用物理学会)、２０２０年 https://www.jsap.or.jp/columns-covid19/covid19_2-4-1
(11) 岸田文・崔多美・綿貫茂喜、「若年日本人男性におけるセロトニントランスポーター遺伝子多型と賞賛獲得欲求・拒否回避欲求の関連」、『日本生理人類学会誌』 Vol.21 No.3 2016 115-119
(12) Chuansheng Chen, Michael Burton, Ellen Greenberger, Julia Dmitrieva, "Population Migration and the Variation of Dopamine D4 Receptor (DRD4) Allele Frequencies Around the Globe." Evolution and Human Behavior, Volume20, Issue 5, September 1999, Pages 309-324
(13) クリスチャン・ブッシュ著、『Serendipity 点をつなぐ力』（東洋経済新報社）、２０２２年
(14) 日立返仁会、https://www.hitachi.co.jp/rd/henjin/
(15) 丸山瑛一著、『イノベーション：日本の軌跡：ＦＭＴアーカイブ４（サチコン撮像管の開発）』（新経営研究会）、２０１２年
(16) カエサル著、近山金次訳、『ガリア戦記』（岩波書店）、１９４２年
(17) 塩野七生著、『ローマ人の物語』（新潮社）、２００４年
(18) 神田房枝著、「本当に優秀な人は『考える力』よりも『見る力』で差をつけている」、ダイヤモンド・オンライン、２０２０年、https://diamond.jp/articles/-/251278
(19) 東京大学学位論文データベース、http://gakui.dl.itc.u-tokyo.ac.jp/index.html?
(20) National Institutes of Health - Turning Discovery Into Health-、https://www.nih.gov/
(21) ＮＨＫ特集記事、「ノーベル賞ってなんでえらいの２０２１　医学・生理学賞・ノーベル賞級研究 熾烈な先陣争い」、https://www3.nhk.or.jp/news/special/nobelprize/2021/physiology-medicine/article_01_04.html

（22）Benjamin Pettit, Zsuzsa Ákos, Tamás Vicsek, Dora Biro, "Speed Determines Leadership and Leadership Determines Learning during Pigeon Flocking," Current Biology Volume 25, Issue 23, 7 December 2015, Pages 3132-3137

（23）『ＣｈａｔＧＰＴ仕事術革命』（週刊東洋経済）、２０２３年４月22日号

（24）アンデシュ・ハンセン著、『スマホ脳』（新潮社）、２０２０年

（25）日立評論創刊１００周年記念サイト PORTRAITS 変化を歩む人　Vol. 02、「坂入　実さん　日立製作所基礎研究センタ　チーフサイエンティスト」https://www.hitachihyoron.com/jp/100th/portraits/02.html

（26）平成29年度全国発明表彰受賞者一覧（公益社団法人発明協会）、http://koueki.jiii.or.jp/hyosho/zenkoku/2017/zenkoku_jusho_ichiran.html

（27）C. R. Blakley and M. L. Vestal, "Thermospray interface for liquid chromatography/mass spectrometry." Analytical Chemistry, 1983, 55, 4, 750-754

（28）Frederick Sanger, "SEQUENCES, SEQUENCES, AND SEQUENCES," Annual Review of Biochemistry, Vol. 57:1-29 (Volume publication date July 1988)

（29）日本経済新聞、「私の履歴書　川村隆⑭　姫６」、２０１５年５月15日

（30）名古屋大学大学院医学系研究科・医学部医学科、「産学協同研究講座　希少性・難治性がん解析研究講座」、２０２０年、https://www.med.nagoya-u.ac.jp/medical_J/laboratory/industrial- collabo/pedsurg/

（31）河合薫著、「義務的に仕事してるあなたには『〇〇力』がない　結果出しても、義務感でやる仕事の主語は『自分』ではなく『他者』だ」、日経ビジネス、２０１６年、https://business.nikkei.com/atcl/opinion/15/200475/070800061/

（32）日立製作所、「指静脈認証ソリューション、指静脈認証編【連載第２回】日立の生体認証技術への取り組み」、

https://www.hitachi.co.jp/products/it/veinid/tec/fv/fingervein02.html
（33）Donovan, William J. 著、"Simple Sabotage Field Manual, " Benediction Classics、２０１１年
（34）校條浩著、「連載　シリコンバレーの流儀　イノベーションを起こすために不可欠な『演繹法的経営』」、ダイヤモンド・オンライン、２０２１年、https://diamond.jp/articles/-/284899?page=2&unlock=1
（35）米国自動車協会（AAA）、American Automobile Association、https://www.aaa.com/
（36）秋山進著、「『大した実績がないのに出世する人』が絶滅しないワケ」、ダイヤモンド・オンライン、２０２０年、https://diamond.jp/articles/-/254212
（37）石光真人著、『ある明治人の記録 改版 - 会津人柴五郎の遺書』（中央公論新社）、２０１７年
（38）奥州市公式ホームページ、「後藤新平の伝染病への挑戦　帰還兵23万人を検疫せよ」、https://www.city.oshu.iwate.jp/uploaded/life/36698_91782_misc.pdf
（39）大宅壮一著、『大宅壮一エッセンス（６）　男の顔は履歴書』（講談社）、１９７６年
（40）堀江芳孝著、『闘魂・ペリリュー島：ペリリュー・アンガウル両島玉砕記』（原書房）、１９６７年
（41）テレビドラマデータベース『戦友』、http://www.tvdrama-db.com/drama_info/p/id-7244
（42）ソルジェニーツィン著、木村浩訳、『収容所群島』（新潮社）、１９７６年
（43）厚生労働省社会・援護局業務課調査資料室、「シベリア抑留中死亡者に関する資料の調査について」、https://www.mhlw.go.jp/seisaku/2009/11/01.html

どうして君《きみ》は「不器用《ぶきよう》な生《い》き方《かた》」しかできないのか

2023年9月6日　第1刷発行

著　者　　坂入実
発行人　　久保田貴幸

発行元　　株式会社 幻冬舎メディアコンサルティング
〒151-0051　東京都渋谷区千駄ヶ谷4-9-7
電話　03-5411-6440（編集）

発売元　　株式会社 幻冬舎
〒151-0051　東京都渋谷区千駄ヶ谷4-9-7
電話　03-5411-6222（営業）

印刷・製本　シナジーコミュニケーションズ株式会社
装　丁　　弓田和則

検印廃止

Printed in Japan
ISBN 978-4-344-94454-1 C0095
幻冬舎メディアコンサルティングＨＰ
https://www.gentosha-mc.com/